世纪波
Century Wave

# 智慧父母的育儿攻略

## 父母与孩子互动的**实操手册**

贝妈 著

電子工業出版社
Publishing House of Electronics Industry
北京 · BEIJING

**图书在版编目（CIP）数据**

智慧父母的育儿攻略：父母与孩子互动的实操手册 / 贝妈著 . —北京：电子工业出版社，2019.9

ISBN 978-7-121-37222-3

Ⅰ . ①智… Ⅱ . ①贝… Ⅲ . ①儿童教育－家庭教育 Ⅳ . ① G782

中国版本图书馆 CIP 数据核字 (2019) 第 175796 号

责任编辑：晋　晶
文字编辑：袁桂春
印　　刷：三河市鑫金马印装有限公司
装　　订：三河市鑫金马印装有限公司
出版发行：电子工业出版社
　　　　　北京市海淀区万寿路 173 信箱　邮编 100036
开　　本：720 × 1000　1/16　印张：14.5　字数：164 千字
版　　次：2019 年 9 月第 1 版
印　　次：2019 年11月第 5 次印刷
定　　价：68.00 元

凡所购买电子工业出版社图书有缺损问题，请向购买书店调换。若书店售缺，请与本社发行部联系，联系及邮购电话：（010）88254888，88258888。

质量投诉请发邮件至 zlts@phei.com.cn，盗版侵权举报请发邮件至 dbqq@phei.com.cn。

本书咨询联系方式：（010）88254199，sjb@phei.com.cn。

# 教会孩子“爱与被爱”的能力

很高兴受到贝妈的邀请，为本书作序。我与贝妈认识十多年了，见证了她从一个职场精英走向亲子教育导师的全过程。三年前我鼓励她写一本关于“亲子教育中国实践”的书籍，今日得见书稿，甚是开心。

我是一位11岁女孩的爸爸，也是一名职业讲师、投资人和企业经营者，但是我最骄傲的角色是“父亲”。我陪伴女儿的时间不多，所以找了一个自我安慰的借口——“用陪伴的质量弥补陪伴时间的不足”。为此，我也专门深度主题阅读了数十本亲子教育的图书，并现场聆听了十多场亲子教育的课程。个人认为，孩子的成长取决于“父母遗传的基因、孩子成长的环境和孩子后天自我的努力”等要素，其中，父母可以主动掌握的就是为孩子营造“良好的成长环境”。这里的“环境”不是指大房子、好车子等物质环境，更多的是指有利于孩子情感健康发展的精神环境。

人在满足了基本的物质需求以后，最核心的精神需求是“价值感和归属感”。价值感，即人对生活在这个世界上的意义的追求。你能够帮助、服务的对象越广，你的意义感就越强；一切只为自己而活的人，是自私的，其价值感是最弱的。如果你为了家人朋友付出，为了国家民族而努力，为了人类的健康发展而奋斗，你的价值感将逐渐增强、丰满。归属感，即一个人在一个组织中感受到的“爱与被爱”的情感。爱不仅是被动地接受，更要积极地付出；爱是被关注、被关心、被关怀、被关爱，爱更是去关注、去关心、去关怀、去关爱；爱不是单向的接受，爱是双向的、多向的深度交互。

贝妈的这本书就是提升父母“爱与被爱”的能力，从而通过父母传递给孩子“爱与被爱”的能力。全书每个知识点都从四个方面阐述：源于真实生活的亲子互动场景、真实再现父母传统教育方式存在的问题且深度解析其背后的心理、完整的父母攻略、父母针对性的小练习，逻辑结构非常清晰，具有很强的可操作性。它是一本父母与孩子互动的实操手册。

孩子当然不能输在起跑线上！但是，这条起跑线绝不是“丰富的物质条件和没完没了的补习班”，这条起跑线应该是“富足的精神和优良的品质”。对孩子“富足的精神和优良的品质”影响最大的就是你——孩子的父母、爷爷奶奶、外公外婆，所以我认为亲子教育应该从家长的学习成长开始。放下手机，拿起本书，让我们一起成长！

刘百功

普智私董学院院长

德荣投资集团公司董事长

天使投资人

中国知名咨询培训师

# 与你同行

感谢贝妈让我见证她的第一本育儿书的诞生。二十多年前，贝妈是我的一名学生，勤奋、友爱、善良、懂事……她和众多的他们深刻地走进了我的青春记忆，并且成为我生命的一部分。我们是师生，更是朋友或兄弟姐妹。几度枝繁叶茂，几度落英缤纷，我们的故事伴随着季节的流转演绎，或欢喜，或悲伤，或激越，或平淡，或明亮，或暗淡。在合欢花灿烂盛开的季节，他们的梦想也如期绽放。他们用青春和热情挥洒着十八岁的绚烂和辉煌，他们用努力和智慧诠释了责任、坚强以及未来生活的走向。我站在合欢树下目送他们的背影渐行渐远。我确信，那份亲切和温暖已经植入了彼此的生命。

二十多年来，我们都各自忙事业、忙家庭、忙生活，偶尔的相聚只是生活的奖赏或者意外的惊喜。虽然见面机会屈指可数，但是我深知她非常清楚自己需要什么。她曾说："如果这个世界上有两种职业可以改变世界，那么就是父母和老师。"前行的路上，贝妈不断积蓄能量，主动探索知识、更新优化知识，并在此基础上学以致用，她和她的团队在探究中尽情沐浴学习的快乐，在合作中共享收获的惬意。途中或有阳光或有风雨，但我相信那一定是段温暖而百感交集的旅程。

作为教育工作者，我深深地认识到家庭教育的重要性。德国伟大教育家福禄培尔说："国民的命运，与其说是操在掌权者手中，倒不如说是握在母亲的手中。因此，我们必须努力启发母亲——人类的教育者。"孩子是父母生命的延续，寄托了父母生活的希望。在父母的眼中，孩子如蕴藏无限生机的种子。父母把这粒种子埋在生命的春天，期待飞花吐翠，果实累累。我是一位老师，但我更是一位母亲，我努力想在成就孩子的同时成就自己。但是，有时"理想很丰满，现实很骨感"，面对孩子这个独特的生命体，遇到的问题比想象中棘手得多、复杂得多。贝妈的这本书，我一气呵成把它看完，在钦佩她、为她骄傲的同时，遗憾未能早点看到本书，否则在养育孩子的过程中可以少走很多弯路、错路，所幸现在看到了，我可以借鉴思考与孩子的关系和与家人的相处之道。由衷地感谢此书带给我的震撼与启示：我们希望帮助孩子茁壮成长，成为一个正直、善良、有活力、有担当的人，拥有一颗宽容博爱的心、一种积极进取的精神、一份不畏艰难的毅力。但是所有这些的实现，光有爱是不够的，需要一些技巧，如有效陪伴、情绪管理、精准鼓励、心灵体验等。书中的 30 个父母攻略、15 个养育难题、10 个复盘练习，通俗易懂、深入浅出，简单、实用而有效，虽然我的孩子已进入青春叛逆期，但是此书我读来依然很有感受。

中医的诊断治疗讲究"望闻问切"，其实我们教育孩子何尝不是这样呢？我们的孩子在慢慢长大，走向成熟，他们有着复杂的内心世界。他们虽还不可能真正脱离我们，却有着强烈的自主意识与愿望；他们开始关注自身的形象，也尝试着用自己纯净的眼睛打量社会、审视世界。从某个角度来说，这是孩子的“第二次诞生”。我们应该像当初对待他们的第一声啼哭一样，以积极的态度来辅助孩子完成这“精神生命”的诞生。当孩子受窘时，不妨说几句宽心话以解围；当孩子沮丧时，可用热情的话予以鼓励；当孩子疑惑时，及时用柔和的语言给他提个醒；当孩子自卑时，不要忘记用他的“闪光点”燃起他的自信心；当孩子倔强时，不妨用启发的方式慢慢引导他正向前行，同时去做合理的判断和有效的思考。我们给了孩子生命，孩子则延续着我们的青春，然后我们的生命和青春在成长的过程中交织在一起，燃烧！与孩子共同进步、共同成长，痛并快乐着！

看着贝妈微信头像上灿烂的笑容，她在探索亲子教育的路上走得很稳健、很开心，引领和帮助父母们开启孩子的心灵世界，与孩子达成美妙的交流沟通，让孩子身心健康发展，这是一件多么富有挑战性和成就感的事情！我也完全可以想象她的课堂一定洋溢着温馨和真诚，同时释放着生命的灿烂。“走着走着，总有一天你会遇到属于自己的庆典！”贝妈和她的团队凭借着希望，在每个平凡的日子快乐地舞蹈，用爱和鼓励、热情和坚持点亮了每一缕曙光。波斯诗人鲁米曾写过这样一首小诗：

有一片田野
它位于
是非对错的界域之外
我在那里等你
当灵魂躺卧在那片青草地上时
世界的丰盛
远超出能言的范围

贝妈就是这样一片田野。她用爱灌溉生命，用美塑造人格，以刚铸其德性，以柔成其仁和，更用善教会了我们温馨生活与快乐学习。

王　虹

浙江省春蚕奖获得者

杭州市优秀教师

杭州市教坛新秀

# 让爱和鼓励伴孩子成长

您是否与我一样，对“妻子”的角色懵懵懂懂时，却又有了一个新角色——妈妈。在孩子6年的童年中，他是我的全部。我照顾着他的学习、生活、健康……日复一日，年复一年，我认为这就是生活的全部。当孩子上小学时，作业、晚睡、兴趣班、电视和手机成为我与孩子之间每天“战争”爆发的导火索。从享受情绪爆发时的“痛快”，到爆发后的内疚，再到向孩子道歉，短暂的和平，再到爆发。每天轮回，生活不再平静。焦虑的我、失控的孩子、争吵的家庭成为生活的主旋律。当时我用“成就孩子，委屈自己”来诠释自己的生活，不断地安慰自己，等孩子长大了一切都会过去。我感觉这不是“过日子”，而是“熬日子”，生活似乎离“幸福”很远。

在最无助时，我看到一本叫《正面管教》的书，带着育儿的困惑开始阅读，从略带质疑的态度将书中的理念和方法运用到与孩子相处中，居然改善了我的亲子关系，让我感受到做妈妈的幸福和养育孩子的美好。我被正面管教育儿之道深深地吸引，一路追随并学习正面管教。从中国追课到美国，从一名普通的妈妈成长为美国正面管教协会（Positive Discipline Association，PDA）注册认证双讲师（家长讲师和学校讲师），再成长为全球的双证导师（家长导师和学校导师）。即使获得美方多个资质，我依旧没有停止探索的脚步。因为正面管教的理论基础是阿德勒个体心理学，我又开始追本溯源学习阿德勒个体心理学。2017 年 7 月前往美国参加阿德勒夏校（International Committee for Adlerian Summer Schools and Institutes，ICASSI），学习“梦与早期记忆”“阿德勒简明艺术疗法”“鼓励的艺术”等课程,之后更加着迷于阿德勒个体心理学。2017 年 10 月飞往中国台北，跟随台湾师范大学教育心理与辅导研究所的曾教授学习 3 年，成为阿德勒学派心理咨询师。

与此同时，我一直在育儿的第一线，5 年时间在全国各地开展了 300 场以上的公益讲座，深受家长的喜欢和好评。我也开设父母课堂和讲师认证班，吸引来自全国 108 个城市的父母。刚开始来参加课程的都是 60 后，讲着讲着学员变成 70 后、80 后和 90 后，现在备孕的新手父母也来参加，恋爱中的年轻人也走进课堂。因课程口碑很好，我被多家互联网公司邀请做亲子教育主播，在其平台讲授如何用鼓励式教养的方式养育孩子。2017 年，我在北京一家互联网公司定期视频直播“鼓励式教养”，仅一小时就吸引了全国 48 万名家长收看，被评为该社群“最受欢迎的主播”。

如今，越来越多的父母走进课堂，这也意味着科学养育时代的来临。父母不再满足传统的养育方式，而是迈向建立在心理学基础之上、经过实践检验、面向未来的科学养育新时代。

就育儿书籍而言，家长们经历了从匮乏到遍地都是的过程，现在不是没有育儿书，而是育儿书太多。做父母最尴尬的事莫过于没有分身术，还得花时间甄选鉴别育儿书。本书以有一百多年底蕴的阿德勒个体心理学为理论基础，结合我多年的授课经验，经过数万名家长验证，是一本理论和实践相结合的易懂易用易上手的父母必读之书。如果您将本书中的攻略运用到育儿中，那么可以帮助您养育孩子从焦虑走向从容，从无所适从到平和应对，享受“修身自己，成就孩子”的小确幸。

### 30 个父母必读攻略

李嘉诚先生说：“一个人事业上再大的成功也弥补不了教育子女失败的缺憾。”事业失败可以东山再起，养育孩子从来都是一场单程旅行。慢育儿碰上快节奏，作为家长的焦虑也随之而来。父母有限的时间与高效地应对孩子的挑战之间很难平衡。针对 6 ～ 12 岁孩子的父母，30 个攻略能满足您在快节奏下轻松育儿的愿望，章节按模块划分，彼此相对独立而又有严谨的逻辑。

第 1~4 章分四大主题，详细介绍 30 个攻略。阅读时父母可挑选自己感兴趣的章节阅读，亦可按顺序阅读。这里的攻略只要您愿意遵循步骤试试，其效果大多立竿见影。如果您因时间不够而无法按照顺序阅读，那么可直接从第 5~6 章开始阅读。第 5~6 章主要内容是 30 个攻略在日常生活中的实践应用，这里有生动的案例、真实的场景、简单实用的攻略，看一篇您就知道如何使用，再回到第 1~4 章同样享受阅读的酣畅淋漓。

父母面对育儿的场景也许并不相同，应对时没有绝对的标准，但我相信，孩子的世界与成人的世界一样，都是解决人与人之间关系的问题，那么攻略就会有效果。30 个攻略都是建立在人与人之间人格尊重和尊严平等的基础之上的、基于温暖和鼓励的攻略。所以这不仅仅是一本积极的育儿攻略，更是开启爱与鼓励的温暖之旅。如果父母稍稍有心，那么同样可以把这些攻略运用到夫妻、家人和同事等关系中，也是卓有成效的。

**15 个养育难题，丰富的实践案例**

本书精选 15 个来自 6 ~ 12 岁孩子父母的挑战，如果您遇到类似问题，请根据页码快速阅读您感兴趣的部分。书中的案例来源于生活中真实的场景，我花费颇多的心思甄选案例，期望书中家长们贡献的案例能帮助家长们缓解焦虑，找到解决问题的线索。

**父母小行动　孩子大改变**

我精心设置以“父母小行动，孩子大改变”为主题的 10 个复盘练习，帮助父母阅读时巩固攻略，内化知识。一方面，成人学习没有任何捷径，您阅读后快速完成练习，便于熟悉攻略流程，在实操时更自信。另一方面，实操后再把感受记录下来，有利于深入掌握攻略。知识和智慧的不同在于，阅读时是知识，而把阅读到的知识运用到生活中并解决实际问题，那么知识就变成了智慧。一个不到 10 分钟的小练习，不仅会让父母更智慧，还会带来孩子的大改变。

**阅读提示**

1. 为了便于写作，在书中未进行性别区分时，使用男性“他”，只是为了让写作更加流畅。

2. 为了避免对号入座，本书孩子小名均为化名，案例为真实案例，引用的案例均得到当事人的同意。

本书得以出版，最想感谢的是我的孩子，如果没有你给予我的挑战，那么我就没有机会讲授亲子教育课程，更不可能有本书的撰写。为了获得第一手素材，你是我的第一个教研对象，书中的每一个攻略都在孩子身上实践过。无论你给我的是积极反馈，还是沮丧反馈，对我来讲都弥足珍贵。在本书出版前，你也是我的第一个读者，我再三确认哪些部分是可分享的，哪些部分是不允许的。说到这里，千万别以为我的孩子有多特别，我的孩子跟大家的孩子一样，有时候很调皮，有时候很暖心；也跟所有的孩子一样，有自己的优点，也有自己的缺点，就是一个普通的小男孩。正是因为这样平凡而朴实的生活，我才有机会审视自己，才能从错误中学习经验。我不是一个完美的妈妈，孩子也不是一个完美的孩子，所以本书不是教您成为完美的父母或教出完美的孩子，而是让我们成为一个尊重他人、温暖而鼓励的人。

感谢我的先生，无论我有怎样天马行空的梦想，你都会相信我、支持我和鼓励我。当我完全沉浸于写书的乐趣而不眠时，你总是温暖地提醒我要照顾好自己；当我才思枯竭时，你总是安慰我一切都是正常的；当我得意忘形时，你总会给我真诚的建议；当我觉得不够尽善尽美时，你说“这只是你的第一本书”。书的名字来源于先生的思考，很喜欢。

感谢刘百功老师，在我每一次成长的历程中都离不开您的教导和鼓励，是您在三年前给我树立写书的目标，如同一粒种子在我的心中生根发芽，乃至于得以实现心愿。在写书进入瓶颈时，是您给予我清晰的思路和方向，让一切峰回路转，梦想成真。

感谢好朋友李思学讲师给予无私的帮助。

感谢我的两个助理金妈、甜妈，给予我如家人般的温暖和体谅。

感谢来自全国各地的父母们为本书贡献的案例，让本书变得有血有肉，生动而有感染力。无论是家长还是讲师，当我说出即将有一本书要出版时，都给予我鼓励和期待，那一刻是你们让我相信可以化不可能为可能。此刻，眼前依旧驻停着大家支持和鼓励我的画面，是大家赋予我坚持写书的勇气和力量。感谢所有给予我肯定和鼓励的朋友们，没有那一刻的相信，就不会有本书。

本书凝结了无数人的支持和帮助，无法将每个故事都写进来。我相信当您阅读时，一定可以感受到我们彼此深深地连接。在大家身上，让我读懂即使普普通通的人，也可以用爱和鼓励滋润身边的人，让其成为更好的自己。

愿爱与鼓励一直陪伴我们！

贝妈

# 目录 CONTENTS

# 第 1 章

# 拥有幸福亲子关系的九大攻略

## 1.1 如何“爱”才会让孩子感受到爱

不注重对方感受的“爱”不是爱，而是另一种控制。

——贝妈

这个世界上有科学家、政治家、企业家等很多种不同的杰出职业，猜猜看有哪两种职业能改变这个世界？事实上是父母和老师。父母是孩子的第一任老师，穷尽一生在爱着孩子，愿为孩子付出一切可以付出的，更是世界上最值得敬畏的职业。

在现实养育中，父母常常这样说：

- “为你好才打你！”
- “对你好，我才说你！”
- “逼你写作业，未来你会感谢我！”

孩子心里则想：

- “我宁可你不对我好！”
- “如果这是对我好，那你自己去做好了！”
- “你现在这样对我，看你老了我怎么对你！”

作为妈妈，我也有类似的感受，明明心里那么爱、那么暖，可让孩子感受到的却是冷漠、痛苦和羞辱。为什么爱的味道如此苦涩？作为父母，你心里有答案吗？

“爱孩子”和让孩子“感受到爱”很不同，唯有“爱”到达孩子那里才是感受到爱，父母才能真正走进孩子的心里，父母对孩子爱的方式才会被孩子理解和接受。本章的攻略是让孩子感受到爱的方法和工具，让我们的爱由内而外传递给孩子。

在养育孩子的过程中，父母常常遇到这样的挑战：

A. 一个男孩哭得很伤心

家长："哭什么哭，这有什么好哭的！告诉你不准哭！哭能解决什么问题！"

B. 在吃饭的时候

家长："把这个鱼吃了，鱼比肉好，你现在快要考试了，多吃点鱼，对你身体有好处。快吃！这孩子，总这样，就是挑食，越来越挑食。"

C. 在起床的时候

家长："赶紧把你的裙子脱下来，你知不知道，今天多少度？跟你说过多少次了，这么冷的天要穿裤子，不可以穿裙子。这条裤子是我在美国给你买的，你看看这质量，这花色……"（陶醉在自我欣赏的状态里，完全没有意识到孩子的眼泪都要流下来了。）

D. 在睡觉前

家长："做旗手，是锻炼自己的好机会，怎么可以不去呢？！我现在跟老师说，你一定会去的。别的同学想了一年都没有机会，你这孩子怎么这么傻？"（第二天，孩子说肚子痛而没法上学！）

这样的例子层出不穷，几乎每时每刻都发生在与孩子的相处中。有一个逻辑，我把它称为"家长逻辑"。从家长逻辑来看，父母说的话、讲的道理几乎都是正确的，并以强烈渴望孩子更优秀为出发点，但结果是孩子就是不听。

- 哭，的确不能解决问题。
- 鱼，的确对孩子成长有帮助，挑食也不值得提倡。
- 裤子，的确很好，爱孩子才会买这么好的裤子。
- 机会，的确难得，这么好的机会，怎么能就这样错失？！

到底哪里出了问题？问题在于，父母表达爱的方式大多从父母自己的感受出发，而非孩子的感受。爱孩子和让孩子感受到爱是有距离的。父母对孩子的爱毋庸置疑，每对父母都能做到“无条件的爱”，可以舍弃自己的一切，乃至生命，只是往往通过指责、惩罚、唠叨、打骂、利诱和奖励等方式传递给孩子，孩子感受到的是父母的冷漠、不理解、不尊重或羞辱。父母的爱只有让孩子感受到被接纳、被理解、被尊重、被信任或被鼓励时，爱才会真正到达孩子心里。可惜，当我们成为父母时知道要爱，但没有谁教过我们如何表达爱，更没有学习过怎么表达爱才是注重孩子感受的。若父母未承接孩子的感受，哪怕再多的真知灼见，也于事无补，孩子也无动于衷，所以爱的表达方式是需要学习和练习的。

我所倡导的鼓励式教养（Encouragement Parenting，EP）是建立在尊重孩子感受的基础上的，是以关注问题解决为导向，以培养孩子社会技能和生活品质为落脚点的养育之道。那么，鼓励式教养如何解决以上问题呢？

## 一个男孩哭得很伤心

“哭什么哭，这有什么好哭的！告诉你不准哭！哭能解决什么问题！”

**·解决思路·** 孩子的情绪需要安全疏导，如果不这样做，孩子的情绪会被滞留或被堵塞。想想我们自己，当我们伤心的时候也会哭，如果被告知不准哭，你会怎样？父母需要用以下方式回应孩子，如果没有意外，孩子的哭声要不了多久就会停止。

**·父母攻略·** “如果哭可以让你好受些是可以哭的，只是现在妈妈需要一个拥抱！”等孩子情绪平稳的时候，可以问问这样的问题：

- “刚刚发生了什么？”
- “你现在感受如何？”
- “接下来你有什么计划？”
- “从这件事中你学到了什么？”

也许你会怀疑：会不会教坏孩子呢？以后的社会谁会这么将就他？有这样的疑问是正常的。只有关注孩子的感受，理解孩子的情绪，你要教孩子那些正确的道理，孩子才会听得进去。如果你先讲道理，不关注感受，结果往往是孩子跟你对着干。无数个“对着干”背后的原因大多如此。一个情绪被压抑的孩子，长大自然不懂得如何来管理自己的情绪，这会是父母期望的孩子未来的样子吗？也许社会可以不关注孩子的感受，他人可以不关注孩子的感受，但作为父母需要关注孩子的感受。因为家是孩子在外面遭遇一切挫折后最温暖的港湾。如果连家人都抛弃了，那么请问孩子的出路在哪里？对孩子来说，父母非常重要，所以千万不可成为联手把孩子推向深渊的人。如果孩子感受到这个世界没有任何人跟我站在一起，连父母也不与我站在一起，因为孩子经历有限，那么孩子就无路可走了。当然也许这样说过于危言耸听。父母的职责就是在家里为孩子示范管理自己情绪的方法，孩子会学习到这些方法。

**在吃饭的时候**

“把这个鱼吃了，这个鱼比肉好，你现在快要考试了，多吃点鱼，对身体有好处。快吃！这孩子，总这样，就是挑食，越来越挑食。”

**·解决思路·** 这个问题稍微复杂一些，要解决孩子吃饭问题，最好的办法是让孩子参与做饭的过程。这与年龄无关，跟父母的唠叨、催促和强迫有关。孩子倔的背后大部分是因为有一个唠叨、催促和爱强迫的父母。

**·父母攻略·** 孩子“对抗”是想用行动来告诉大人：你强迫不了我，我就是不吃！久而久之就养成了“挑食”的习惯。解决挑食最好的方法就是邀请孩子参与做饭过程中的某些小环节：邀请孩子一起去选鱼，捣腾一下做鱼时的勺子，在出锅前放葱。这些小互动不仅让孩子爱上吃饭，还有助于培养孩子自信、独立、合作等品质。

**在起床的时候**

“赶紧把你的裙子脱下来，你知不知道，今天多少度？跟你说过多少次了，这么冷的天要穿裤子，不可以穿裙子。这条裤子是我在美国给你买的，你看看这质量，这花色……”（陶醉在自我欣赏的状态里，完全没有意识到孩子眼泪都要流下来了。）

**·解决思路·** 父母和孩子的逻辑不同，父母往往从自己的角度理解孩子的事情。觉得天冷就该多穿，裤子品质好孩子就应该喜欢。早上时间紧迫，父母很难关注孩子的真实需求。对于孩子来说，背后有很多的故事，关于穿裙子，妈妈用以下话术沟通，会听到很多令人感动的故事。

**·父母攻略·** “看起来你真的很喜欢穿裙子，我猜今天穿裙子对你来讲很重要，你愿意跟妈妈讲讲吗？”（父母保持对孩子的好奇心，等孩子讲完你再来决定你想怎么做。）

- 4 岁前孩子一直跟着奶奶住，现在跟父母住，而裙子是奶奶送的生日礼物。
- 因为她跟好朋友约好，今天一定要穿裙子。
- 因为她觉得同学穿裙子很好看，所以想天天穿裙子上学。
- 因为她觉得穿上裙子就跟白雪公主一样。

**在睡觉前**

“做旗手，是锻炼自己的好机会，怎么可以不去呢？！我现在跟老师说，你一定会去的。别的同学想了一年都没有机会，你这孩子怎么这么傻？”（第二天，孩子说肚子痛而没法上学！）

**·解决思路·** 无论哪种情况都要理解孩子的情形。对孩子来讲，这不是一件容易的事情，而是一件大事。父母能做的就是让他有足够的勇气去克服困难，而不是代替他解决问题，更不可指责他，父母应该陪伴和教练孩子如何实现目标，当他愿意尝试一小步时给予鼓励。如果孩子没有准备好，那么就允许他花更多时间准备，甚至允许放弃。如果放弃，一定要聊聊自己对这件事情的感受，那么下一次孩子会做不同的决定。

**·父母攻略 A·**

- “看起来你似乎有点担心，我猜关于当旗手这件事情你有自己的想法，你愿意跟妈妈讲讲吗？”
- “还有吗？”

- “你这样想妈妈觉得很合理，在全校那么多人面前做旗手，即使妈妈也会紧张，这是一件未曾做过的事情。你觉得现在最需要怎么做可以帮你解决问题？”

**·父母攻略B·** “如果你觉得实在没有准备好做这件事情，不做是可以的，对于妈妈来说，也会有这样的时候，觉得自己没有准备好而不敢迈出第一步。妈妈也不会勉强你去做没有准备好的事情，那么接下来我们有哪些事情需要去处理呢？”

当我们抛开“感受”时，父母的建议即使再正确，孩子听起来也都那么刺耳和冷漠。孩子为了维护自己的尊严，本能地用对抗、反叛、报复或自暴自弃的方式作为自己与父母斗争的武器。这样才让我们看到父母与孩子之间很复杂的情感：彼此深爱着，却深深地相互伤害着。

忽略“感受”的爱背后是什么呢?

- “妈妈爱你才这么说。”
- “为你好，我才花钱给你上兴趣班。”
- “你以后会明白为什么现在要逼你练琴。”

这些听起来出于爱的话语背后隐藏的声音可能是：

- “我是对的！”
- “你要听我的！”
- “看我多厉害！”
- “看孩子多让我有面子！”

这样的沟通背后是一个人高高在上、一个人在下的不平等垂直关系。

没有人格尊严平等和尊重的沟通，自然结果也就不会理想，这其实是另一种“控制”！这里的控制并不是外显的，它看起来戴着一个很美的面具，但其本质依旧是以自己为中心，想要达到控制他人、彰显自己优越的目标。这些仅仅是猜测，只是帮助父母来觉察自己。注重孩子的感受，就是我们需要“神入”（个体心理学的一个专业术语，通俗的解释是感同身受），当任何时候我们能够感同身受时，一切就会变得温暖和鼓励，背后其实就是“尊重”。

很多时候，我有一种感悟，“父母”两个字不是告诉我们有什么“特权”，而是更多的“责任”。当我们放下权威，蹲下来与孩子在同一水平线时，才能走进孩子的内心。一个青春期的孩子曾告诉我：“父母给予孩子不想要的爱，只是感动他们自己而已。”

感受是什么？“感受”这个词让人既熟悉又陌生，熟悉是因为常常听到，陌生是因为不曾真正琢磨它，很难说出来。“感受”是人内心一种情绪的表达，流行语就是“内心戏”。它可能是开心、快乐、生气、愤怒、难受、伤心、无聊、疲惫、焦虑等这样的形容词。“感受”无所谓好与坏，不是说愤怒就不好，高兴就好。无论是愤怒还是高兴，仅仅是在当下内心体会给予自身的一个信号，让我们知道自己怎么了或者正在发生什么。难受是当时的一种感受，高兴也是当时的一种感受，不可能只能高兴，不能伤心；只能快乐，不能愤怒。所谓人有喜怒哀乐，不就是这样一个道理吗？在情绪管理上，通常要么选择压抑感受，要么选择发泄情绪。这两种方式都不好。如果压抑感受，虽然没有伤害到他人，但是情绪是一种力量，会通过病变的方式呈现。如果选择发泄情绪，必然会伤害他人，破坏我们的人际关系，让我们内心感到不安。发泄就是任由情绪爆发，犹如反复练习，必然愈加难以改变。鼓励式教养对待情绪的方式是接纳它的存在，有效地管理情绪并关注问题的解决。

我们常把感受与想法，感受与决定混为一谈。例如，陪孩子写作业这件事，作为父母有什么感受呢？

- “什么都好，一写作业就要把我惹毛。”
- “不知道在想什么！一写作业就在那里磨叽，3小时过去了作业都写不完。”
- “看他写作业就想发脾气，就想揍他！”

以上都是想法和决定，而非感受。通常，所谓“想法”，就是人们对一件事情的看法、观点、判断、评价和念头，因此往往是一句话或一段话。“决定”就是人们的行为和动作，做了什么，说了什么。“感受”往往是一个形容词，如开心、快乐、生气和无聊等。从这个角度来理解，想法有好有坏，决定有优有劣，而感受却无所谓好与坏。不带评判的沟通往往更容易被接受，更容易走进他人的内心。

在亲子关系中也是如此，基于感受的沟通更容易走进孩子的内心。在跟孩子相处中，父母习惯用想法和决定与孩子沟通，因为想法和决定带有评判，孩子能够感受到父母的指责或挑剔，合作的概率就会降低，取而代之的是推卸、反驳或辩解。例如，孩子上学又迟到了这件事。当老师问“今天上学为什么又迟到了”时，孩子会说：

- “今天早上闹钟没有响。”

- “我妈妈忘记喊我起床了。”
- “今天早上下雨，堵车了。”
- “我今天坐过站了。”

这些回答有一个明显的特点，不是老天造成的，就是他人造成的，总之跟自己没有关系。当听到孩子这么说时，父母就会生气，因为这些听起来更像借口，孩子一点自我反省的念头都没有。作为父母，此时常常这样歇斯底里：“让你找理由！看我怎么教训你！每次都不长记性！”生活中因为“迟到”这样的事情而爆发惊天动地的“战争”就不足为奇了。父母常抱怨：“孩子怎么每次都不长记性，屡教不改。”

## 攻略 1：说出感受

如果我们使用“说出感受”这个攻略，对于上学迟到这件事会有什么不同呢？

家长：“我感到很**着急**，因为老师告诉我，你是早上 9：00 到学校的。”

孩子：“妈妈，是我自己忘记上闹钟了，我今天会上好闹钟的。”

家长：“我感到很**担心**，因为老师说你是 9：00 到学校的。”

孩子：“妈妈，我明天会早点到学校的。”

家长：“我感到有点**生气**，因为老师说你已经是第二次 9：00 才到学校了。”

孩子：“妈妈，我下次会注意的。”

父母说孩子迟到是一个单方面的判断，当带着评判去跟孩子沟通时，很容易引起孩子的对抗。而用“说出感受”的方式沟通，父母只要表达自己的感受，描述事实或现状，不带评判，孩子很容易接受并且愿意在下一次做好。这如同修车的师傅教徒弟修车，只需要把两根断了的电线摆在他的面前，徒弟自然知道发生了什么，该怎么做。孩子是有纠错能力的，当我们维护孩子的尊严时，他更愿意改变。相反，如果我们没有维护孩子的尊严，他会第一时间本能地用全部力量去保护自尊，忽略问题的解决。父母在与孩子沟通时，说出感受，不带评判，描述事实或现状就可大大提升亲子关系。

阿德勒个体心理学创立者阿德勒说："人是通过感知来认识世界的。"他强调每个人都有一副独特的眼镜来感知这个世界，在感知基模的影响下人们对其进行诠释，形成个体独特的世界观、价值观和人生观。所以感受对于鼓励式教养来说非常重要，甚至父母要有意识地培养孩子对"感受"的觉察和辨别。

## 攻略 2：了解感受

孩子天生具备表达感受、识别感受的能力。相反，成人越来越容易通过看法、评价和判断等方式来沟通，而对感受却不知所措，有时不清楚自己有什么感受，甚至会说"我没有感受"！如果父母不去协助孩子刻意练习，那么孩子就会慢慢失去对感受的感知。

感受如此重要，如何来了解感受呢？描写感受的词汇非常丰富，鼓励式教养感受互动表（见表 1-1）可以帮助父母与孩子了解感受，还可作为精彩的亲子互动游戏，提升亲子关系。

表 1-1　鼓励式教养感受互动表

| | | | | | | |
|---|---|---|---|---|---|---|
| 平静 | 兴奋 | 难过 | 吃惊 | 自豪 | 怀疑 | 心烦 |
| 无助 | 疲惫 | 自信 | 被拒绝 | 害怕 | 坚决 | 无聊 |
| 厌恶 | 生气 | 受伤 | 好玩 | 嫉妒 | 惭愧 | 紧张 |
| 恼怒 | 绝望 | 钟情 | 不知所措 | 迟疑 | 愤怒 | 解脱 |
| 孤独 | 平和 | 沮丧 | 憧憬 | 暴躁 | 内疚 | 担忧 |

1．你演我猜。父母把表 1-1 中的词汇打印或写在白纸上。只能用表情和肢体动作来演，不能说话，让全家人来猜。例如，爸爸或妈妈表演，孩子来猜；或者孩子表演，父母来猜；还可以每人都抽几张，轮流来表演。这不仅有利于父母和孩子了解并熟悉这些词汇，还有利于帮助孩子将感受与面部表情、肢体动作联系在一起。很多家庭反馈，孩子超级喜欢这个游戏，参与的人越多，游戏越好玩。

2．帮助孩子说出自己的感受。有时孩子不太会表达，或者即使明白自己的感受，也不知道怎么说，特别是如害怕、恐惧等感受。父母这样问孩子："你觉得哪张感受卡可以代表你现在的感受呢？"孩子则很容易选出这个词汇。

3．帮助孩子了解他人的感受。课堂上甜甜爸爸分享他与女儿的案例。甜爸熬夜加班多日，但也不想在孩子面前表现出来，也没有在孩了面前说抱怨的话。然而甜甜拿着一张卡片说："爸爸，你现在看起来像这个（疲惫）。"甜爸说，那时真的很疗愈，疲惫感瞬间消失，感觉自己有一个"贴心小棉袄"。

有些家长把鼓励式教养感受互动表用来帮助孩子认识汉字，同时这个表还可以进一步补充。当孩子在阅读课文或散文，看到一个新的感受词汇时，就可以补充在表格中或做成卡片。这不仅帮助孩子提升阅读兴趣，还可以培养孩子的文学素养。

## ● 父母小行动，孩子大改变 ●

EP 父母练一练

1. 如何觉察爱与控制？（此刻不急着解决问题，觉察是解决问题迈出的第一步）。在亲子关系中，哪些方面你爱着孩子，孩子却完全感受不到这是爱而觉得更多的是控制？如果你想不到，那么问问孩子，当孩子说时，不要有任何评论和否定，只是认真地倾听。

2. 在你的婚姻关系中，哪些方面你深爱着对方，对方感受到的却是“控制”？如果你想不到，可以问问对方。当对方说时，不要有任何评论和否定，只是认真地倾听。

## 1.2 如何“说”孩子愿意听

唯有父母接纳孩子的感受，孩子才会对父母敞开自己的内心。如果不去关注孩子的感受，那么孩子的心会被一层“你休想”“你不可以”的外壳武装，以保护“我为什么老做不好”“我真的做不好”“我怎么这么差”等强烈的自卑感不被他人发现。唯有在维护孩了自尊的前提下，孩子才有勇气尝试与成人合作。正是因为尊重和鼓励并行的鼓励式教养维护了孩子的自尊，所以孩子才愿意与成人合作。

传统的打骂、惩罚、羞辱、指责和批评等方式彻底把孩子推向了自尊的低谷，甚至可以说是肆意地践踏了孩子的自尊，孩子会用反抗和对立来捍卫自己的尊严。也许孩子不能明白为什么自己会那样做，但是本能会驱使他们那样做。因此，接纳孩子的感受是尊重孩子的第一步，也是非常重要的一步，全书所有的攻略都从接纳孩子的感受开始。

### 攻略 3：接纳感受五句型

**看起来……**

例如，孩子约定看半小时电视，可是还想继续看。

接纳感受的表达：“看起来动画片实在是太精彩，让你自己去关电视似乎是件很难的事情。”

这样与孩子沟通，孩子感受到妈妈懂我。因为尊重了孩子被动画片吸引的感受，与孩子有链接，那么孩子合作的可能性就会增加。

**听起来……**

例如，放学回家，孩子抱怨，自己多次举手，老师都没有看见。

接纳感受的表达:“听起来老师没有看到你多次举手,你感到很难过？”

作为父母不一定急着教孩子做什么，教之前一定要感同身受孩子当时的感受，用“听起来……”句型先接纳孩子的感受，然后再教孩子方法。

**你好像……**

例如，孩子吃了一个棒棒糖，还想再吃一个。

接纳感受的表达：“你好像还想再吃一个棒棒糖？”

因为父母接纳孩子的感受,所以孩子才可能会控制自己。也许有例外，但是有一点，孩子一定不会突然爆发不良情绪。

**你似乎……**

例如，孩子还想在小朋友家继续玩，不愿意回家。

接纳感受的表达：“你似乎还想再跟小明玩一会儿？”

**我猜……**

例如，孩子做了一件出乎你意料的事情，并且不怎么合理。

接纳感受的表达：“我猜当时你那样做一定有你的理由，你愿意多说一些吗？”

接纳感受的五个句型就像钥匙一样打开了孩子的心门，让父母能走进孩子的内心。无须五个句型同时使用，只要使用其中一个或两个就好。

接纳孩子的感受，是不是就意味着父母完全认同孩子的行为和结果呢?

## 挑战 1：孩子不按照约定关电视怎么办

孩子看电视这件事情让果妈伤透脑筋。果妈一家与爷爷奶奶一起住，于是对待孩子有四种不同的沟通方式，所以对于果果看动画片这件事情一直都有不同的意见。爷爷奶奶对唯一的孙子十分疼爱，觉得平时学习压力那么大，多看一会儿电视没事。爷爷奶奶通常也能猜透小孩子的心思。每当果妈回家时，爷爷奶奶常常说的一句话就是："刚刚开始看！"其实不用摸电视机果妈也知道，哪有那么巧每次都是下班回家之前孩子才刚刚开始看。爸爸是严厉型，说好到点关电视就必须关，二话不说直接关。孩子也有自己的绝招，爸爸一关电视，果果就躺在地上撕心裂肺地哭。这个时候爸爸把孩子提起来关到房间里，里面传来孩子的哭声、爸爸的吼声。房间外爷爷奶奶抱怨说："不就是看一会儿电视嘛，小时候你也这样，我们都给你看。"果妈则表示，自己真不知道该怎么办?

很多妈妈都有类似的无奈和无助，这个时候帮孩子也不对，帮爸爸也不对，感觉自己的育儿队友都不站在一条战线上。

**·解决思路·**

电视、手机和游戏在生活中无法回避，有的时候我们也用这些电子产品来应付孩子，效果显著。一个 7 岁孩子的妈妈跟我说："孩子坐不住，只有给她看动画片才能安静地坐 2~3 小时。"父母常常将电子产品作为让孩子安静下来的特效品，因此这些电子产品也赢得了"电子保姆"的称号。

如果想培养孩子自控自律的品质，那么无论是电视还是游戏，父母要特别留意孩子使用的时间。接纳孩子的感受是最关键的一步，有了这一步在使用时间上就容易控制。以下攻略可用在孩子未上瘾前，如果已上瘾最好让孩子接受专业的心理治疗。只要父母准备让孩子接触电子产品，每一次都需要按照以下方式来对待，孩子年龄越小，攻略就越有效。养成习惯后，孩子对电子产品上瘾的概率也就大大降低。

**·父母攻略·**

**1. 尊重约定**

无论是哪种电子产品，极其重要的第一步就是约定，没有约定就会在关或拿走电子产品时发生争执。

父母："你想看电视是可以的，准备看到什么时候关电视呢？"

孩子："看到长针指到5。"

父母："当长针指到5的时候，是你关电视的时间，是这样吧？"

孩子："嗯。"

这样我们就跟孩子做好了约定，约定后父母要相信孩子，在孩子玩电子产品的过程中不去打扰孩子，更不要未到时间就不停地催促。

很多妈妈会说，我也常跟孩子约定，效果没有那么好。那要看"玩多久"是从孩子嘴巴里说出来的还是从父母嘴巴里说出来的，效果有很大不同。如果是父母说的，孩子遵守的概率比较小，孩子年龄越大，遵守的概率越小。如果是孩子自己说的，可能有一定效果。孩子是不会说出一个很夸张的时间的。当父母尊重孩子时，孩子是愿意合作的。但要避免"给孩子奖励"

这样的情况，孩子平时大约玩 30 分钟，妈妈用以上方法跟孩子做约定时，孩子说只玩 15 分钟。妈妈心里一高兴，觉得攻略太有用。而后又开始心疼孩子玩的时间太短，孩子太懂事，然后说："我再给你延长 15 分钟，玩 30 分钟好了。"如果是这样，又破坏了相互尊重的平等关系，因为奖励必然表明有人高高在上。而这样做，你猜猜孩子又会学习到哪些品质呢？

在这个过程中，不要刻意多次提醒孩子"时间到了"。如果父母在孩子看动画片的过程中生怕孩了错过时间，多次催促，反而引发孩子抵触的情绪。一方面孩子感受到父母的不信任，约定也就无效。另一方面多次催促，孩子会想反正妈妈会帮我看时间，我只负责看动画片就好，妈妈不提醒还能多看些时间，岂不是更好？无论你有多么怀疑孩子，在第一次约定时，信任孩子非常重要。有了这个约定，很多孩子到时间就会自己关。当然，约定也不一定必须是时间，如果孩子年龄小，也可以按照看几集的方式来约定。一般情况下，孩子 4 岁多，父母就可以教孩子认识整点时间，小学一年级第一学期的数学课也有专门教孩子认识时间的内容。使用这样的方式约定，父母都会觉得很惊喜，原来孩子是讲信用、有契约精神的。

### 2. 跟进约定

孩子不履行约定也是常有的事情。如果当以上方法都没有用的时候，时间又到了怎么办呢？妈妈可以尊重地提醒孩子："宝贝，我注意到长针已经指向 5 了，是你关电视的时间，现在就去做吧。"一部分孩子会自觉地关掉。到时间的"提醒"和未到时间的"提醒"含义是不同的，到时间的"提醒"是建立在尊重而信任的基础上的，是善意的提醒；未到时间的"提醒"是对孩子的不信任，也是不尊重。

### 3. 无声提醒

坐到他身边，轻轻地拍拍他的肩膀，微笑着给他指指时间，暗示时间已经到了。这时候最重要的是不要说话，如果父母说话很容易导致权力之争。我尝试过，孩子居然笑着点了点头。将无声提醒实践于多个方面，均收到良好的反馈，孩子觉得很有趣，妈妈很善意，也不会有情绪的困扰。

### 4. 接纳感受五句型

如果“无声提醒”失效了，父母还可以怎么办呢？这样的情形多发生在动画片很精彩的时候——正邪双方正在战斗，胜负难分。如果父母不应景地做了无声提醒，孩子通常一声不吭，把父母当作空气，眼睛紧盯屏幕，全神贯注，压根儿忽视父母的存在。想想假如你在看一部精彩的电影，刚好是情节扑朔迷离之际，一个电话打来让你回家，你通常也要拖一拖、磨一磨。对于成人来讲是精彩的电影，对于孩子来讲是好看的动画片。此刻只有孩子的感受被接纳的情况下，父母才能培养出自控自律的孩子。这个时候怎么办呢？接纳感受五句型就非常有用了。

妈妈可以坐到孩子身边这样说：“看起来今天的动画片实在太精彩，似乎让你自己去关有些舍不得？”果妈的反馈：孩子使劲点了点头，但眼睛一直盯着电视。重要的是这样说时孩子感受到了父母的存在，而不再把父母当作空气。妈妈可以继续说：“妈妈小时候也喜欢看动画片，最好能看 24 小时外婆都不要来管，何况是这么精彩的时候。”果妈的反馈：那一刻孩子眼睛盯着电视屏幕，但笑了一下。孩子笑的含义——原来妈妈小的时候跟我也差不多。妈妈可以接着说：“因为宝贝跟妈妈约定当长针指向 5

时是你关电视的时间，你是希望妈妈帮你关电视还是你自己去关电视？”

一种情况，孩子自己就把电视关了，那么妈妈一定要鼓励孩子：“谢谢你愿意遵守我们之间的约定。”因为很多时候，孩子关掉电视时会有点不高兴，鼓励会让孩子感受好些，并看到自己的努力。另一种情况如同果妈给我反馈的，她的孩子说：“我不方便。”当孩子说不方便时，父母可以稍稍推动孩子一下。你可以找到遥控器，微笑地看着孩子，然后把遥控器塞到孩子手中，在孩子手指上轻轻地使力，按下关闭的按钮。

果妈反馈，当关掉电视时，孩子没有像以前一样大哭大闹，但还是有点不高兴，孩子跑到自己的情绪冷却空间（一个孩子情绪管理的工具，第 2 章具体讲解），他并没有像以前一样通过发脾气来表示抗议，而是选择管理自己的情绪。这个过程我们在培养孩子什么呢？此刻孩子正在学习如何管理自己，如何做到自律，因为孩子的自控自律是后天习得而非先天具备的。

养育孩子最简单的方式就是孩子想怎样就怎样，孩子自然不会发脾气，可是长久这样，孩子的想法会越来越古怪，而父母也越来越不能满足孩子的想法，顺着孩子心意的事情也越来越难办到。理性地想想，孩子未来一定会遇到很多不合他心意的时候，而他人并不会像父母一样迎合他，甚至他发脾气也不一定能影响他人。判断攻略是否有效果的标准不是孩子高不高兴，而是是否帮助孩子培养了优秀的品质。

无论孩子是什么感受，都需要被父母接纳，特别是难受、委屈、伤心、恐惧等感受，尤其需要父母的接纳和抚慰。一方面，心理学表明，小时候那些看起来不起眼的事情，有时会伴随我们一生，特别是有身体记忆的感受，往往带来更为深刻的影响。另一方面，孩子年龄小，他的行为和决定不见得都是对他有帮助的。父母的职责就是在生活中教练、陪伴和鼓励孩子学习如何做出判断、如何收集信息、如何解决问题等社会和生活技能。感同身受孩子的情绪和感受是我们去教练、引导的第一步，否则可能会带来孩子更多的对立、反抗甚至伤害。在成人人际关系中其实也是这样的，不必太着急教，因为认同感受不是完全认同孩子的行为和结果。练习接纳孩子的感受，不是为了搞定孩子，而是父母帮助孩子去体会自己的感受，更是在培养孩子同理他人的能力，这是一个由内而外的过程。

## 父母小行动，孩子大改变

### EP 父母练一练

如何用接纳感受五句型来接纳孩子的感受，要留意这个五句型，可以单独使用，也可以用两个以上。

1. 孩子必须吃冰激凌。

2. 孩子买了玩具，但还要再买几个。

3. 孩子非要你陪，不让你上班。

4. 孩子晚上不想刷牙。

## 攻略 4：感同身受举例法

当人们在讲述自己的类似案例时，他人会有一种被理解、被接纳的感受。在课堂上，妈妈们谈论上完家长课堂后的意外疗愈：大家在班级群里分享自己养育孩子的故事。一位妈妈分享自己家孩子挑食的事情，一点点菜叶子都要挑出来，另一位妈妈马上分享自己家孩子如何挑食的事情，然后大家纷纷发言。要不了10分钟，孩子不睡觉、不刷牙和不做作业等事情，妈妈们无不通过“点赞”“+1”等方式认同。通过讲自己孩子的事情，妈妈们彼此相见恨晚，都是同频之人，不仅解压更是疗愈。刚开始谈论的主题不重要，问题怎么解决、要不要解决都不重要，重要的是深深地被同理，自己再也不孤单，因为那么多人与你感同身受。感同身受举例法就是讲述一个发生在自己身上的类似案例，让孩子感受到被接纳。

在课堂上有一位小耗子妈妈，她给我讲述了一个将感同身受举例法运用在自己孩子身上的真实案例。

一天下午，妈妈在小区超市里给小耗子买了一个他最喜欢的棒棒糖。因为平时很少吃，所以他很高兴地吃起来。从超市出来，过马路时因为走得快，他的糖掉到了地上，粘了很多脏东西，不能再吃了。小耗子当时立马大哭，非常伤心。小耗子妈妈说：“小耗子的棒棒糖掉了，看起来小耗子现在很伤心、很难过。”小耗子突然就收住了哭声，只是有点抽泣，抬头看着妈妈。小耗子妈妈蹲下来抱着他说：“妈妈小时候，外公给我买了我最喜欢吃的饼干，妈妈也给弄掉了，而且掉在水坑里，不能吃了，当时妈妈也很伤心，也哭了。”这时，小耗子问妈妈：“妈妈，你也哭了？”小耗子妈妈回答："是呀，因为妈妈当时也非常难受。"这时候小耗子已经平静下来了，他拉着妈妈的手往家走。在小区里面遇到了他的小伙伴，他赶紧跑过去对别人说："我的棒棒糖掉了，我很伤心，我哭了。妈妈的饼干掉了，妈妈也哭了。"他完全从刚才难受的情绪里释放出来了。

如今小耗子妈妈已是二宝妈，在生活中她用鼓励式教养的方式养育着两个孩子。前文关于看电视挑战的案例中，其实也用到了感同身受举例法。之所以果果平和地关掉电视，源于果妈对果果看电视这件事情当下感受的接纳，讲到自己小时候很喜欢看动画片（真实案例）。那一刻孩子眼睛虽然盯着电视屏幕，但笑了一下。这与妈妈们每次讲完孩子的故事被深深疗愈是一样的。简单的一个类似的案例让父母和孩子彼此感同身受。感同身受举例法对任何年龄段的孩子都非常有效果，因为这与年龄无直接关系，其背后是人们都期望被接纳、被理解、被同理。

有一个问题要留意：为了让孩子合作，是否可以编一个故事？我的建议是最好讲述真实发生的故事。一位 11 岁小男孩的妈妈说自己的孩子很喜欢玩游戏，在学习了感同身受举例法后，小男孩的妈妈回家就践行了该方法："看起来游戏很精彩，让你自己把 iPad 关掉是件不容易的事情。你知道吗？妈妈小时候也很喜欢玩 iPad……"小男孩说："妈妈，你撒谎！"这位妈妈编的故事很容易让孩子感受到不真诚，后面的交流就更难。如果父母没有相似经历怎么办呢？父母可讲述一个自己生气、愤怒或伤心等类似感受的经历。也许不是同样的事情，但情绪是一样的。孩子会通过父母讲述的事情，感受自己被理解和被接纳。

## 挑战 2：作业太难，孩子不断拖延怎么办

在写本书时，孩子的一项作业是写“黄河和长江的调查报告”，他觉得这件事太难了，以至于在书桌前坐了半小时，就写了一个标题。全家人虽然在各自做自己的事情，但都看在眼里，那一刻都在比谁更有耐心。

我:“看得出来今天的作业很难，我注意到你半小时只写了一个标题。”（这是接纳感受的句型）孩子点点头。

我：“你知道吗？每个人都会遇到很难的事情，你遇到是正常的。妈妈最近也遇到一件很难很难的事情。我从未写过书，几天过去了，跟你一样只写了一个标题。”

孩子抬头看了我一眼，由苦闷转为微笑：“那你怎么办呢？”

我：“跟你差不多，在书桌前坐了很长时间，可我想这是我想完成的事情。你猜猜看我会怎么办呢？”

孩子：“你写过文章。”

我：“是的，写文章跟写书虽不同，但都是写，我是会一点的。”

我：“还可以怎么办呢？”

孩子说：“上网查资料。”

我：“是的，我不会的时候，去查资料，买书来看。我昨天买了近10本如何写书的书，很有帮助。现在你的调查报告情况是不是跟我很像？你觉得你写调查报告难在哪里呢？”（孩子上六年级，对于这个年级的作业，家长多半是心有余而力不足，因为不知道学校的教学要求和教学方法。最好的方式是问问孩子，而不是从你的直觉出发。）

孩子:“过去两周，数学、语文、体育、音乐课上都在说黄河、长江，

现在就要做一个系统的调查报告，可我从来没有做过呀。”

我：“你说得很好，我们感到难，往往是因为以前没有做过，第一次做就会难。参考妈妈的经历，你现在可以怎么办呢？”

孩子：“我以前写过阅读调查。”

我：“这个跟我写文章一样，你觉得哪些是阅读调查和这次调查报告相同的，哪些是不同的呢？”

后面的讨论进展得很顺利，孩子回到书桌前，给自己列了一个提纲，大概花了两小时自己查资料做海报，完成了他的调查报告。

有很多妈妈为了辅导孩子作业，去研读教学大纲，了解教学要求。这样做的确很让人敬佩，但绝大多数妈妈未必有这么多精力和时间，那么上面的沟通就很有价值了。核心在于我接纳了孩子的确“难”这个感受，并分享了我在生活中很难的事情。

后来我让孩子总结克服困难的方法，孩子这样总结：

- 作业有容易的，那么也会有难的，这样才能学到更多。
- 如果觉得难，找找以前有没有类似的经验，可能事情不一样，但至少会有些线索。
- 不知道的信息可以上网查。

先接纳孩子的感受，然后分享自己类似感受的故事，这样才能帮助孩子在父母的引导下学习如何克服生活中的难题。父母唯有在日常的生活中不断锻炼孩子的这些能力，在将来放手时，孩子才有能力、有信心面对更为复杂的问题。

## 攻略 5：积极倾听重复法

积极倾听并重复孩子的话也是接纳感受的一个攻略，但如何重复孩子的话有特定的句型结构。

### 场景 1：情绪来自第三方

孩子放学回家不高兴，父母想问学校发生了什么，孩子会气呼呼地说："我很生气，因为今天小明拿了我的橡皮，我希望他以后拿我橡皮之前跟我说一下。"

**【试过的 ABC】**

A. "小明只是拿了你的橡皮，这有什么好生气的。别把自己给气坏了。"（说完孩子更生气！）

B. "你怎么这么无能，别人拿你橡皮，你就不能拿回来？你好歹告诉老师。"（孩子可能会认为自己很无能！）

C. "生气！生气！小孩子家哪有那么多气可以生！明天好好告诉他以后拿之前要跟你说。"（孩子会说出一大堆理由来证明，小明不可能在拿橡皮前跟他打招呼。）

有时父母不需要给解决方案，接纳孩子生气的感受就能解决问题："你很生气是因为小明拿了你的橡皮，你希望他以后拿你橡皮之前跟你说一下。"孩子："嗯！"孩子说完以后不再生气，该做什么就去做什么，情绪就被疏导了。

父母只要认真地倾听，把孩子描述的事情重复一下（注意人称代词的转换），就能抚慰孩子的情绪。当孩子知道自己如何跟同学相处时，更不必太着急给出解决方案。孩子的情绪通过自己诉说表达，被父母积极地倾听后，就被疏导了。有时，疏导情绪不是非要给出一个解决方案，而是让对方知道被听见、被接纳就足够了。

## 场景 2：情绪来自父母

孩子："妈妈，你实在太烦人，因为我做作业的时候，你不是说我太慢，就是说我姿势不对，我希望你不要打扰我。"

妈妈："我真的很烦人，是因为你做作业的时候，我在旁边不是说你太慢就是说你姿势不对，你希望我不要打扰你。"

孩子："是。"

经过这番对话，孩子的情绪会舒缓很多，因为孩子知道父母理解了自己的困扰。即便在成人世界，积极倾听重复法也是有用的。这个攻略帮助一位爸爸解决了自己的困惑。课堂上来过一对夫妻，因为没有人帮忙带孩子，所以妈妈先上课，爸爸第二周上课。当我讲到这个工具时，爸爸恍然大悟："现在才知道原来重复一下就好。"他一直纳闷，"女人心海底针"，怎么猜都猜不着，不如直接给出解决方案，结果老婆生了一晚上的闷气。他很不理解，好心帮老婆解决问题，可她却莫名其妙地生气。

事情是这样的：早上八点，老婆坐车送孩子去早教机构，可是坐过了站，结果孩子上课迟到了。晚上见到他，老婆就说："我今天太郁闷了，八点就出门，结果坐过了站，送孩子去早教机构还迟到了。"他说："你坐过了站可以打车呀，怎么会迟到呢？再说八点出门，再怎么坐过站也不会花那么长时间，你又不是第一次去！”老婆哑口无言。其实这时只要他重复一下老婆的话：“你说你今天很郁闷，是因为八点出门，结果坐过了站，送孩子去早教机构还迟到了。”老婆也许会说：“是啊，是啊！我们吃饭吧！”

有的时候只是想让身边的人知道我们自己干了一件多么无厘头的事情，他人听自己讲就够了，根本不需要解决方案，孩子也一样。如果孩子跟你讲一件学校里发生的事情，那么简单重复孩子说的话就是一个不错的选择。只是要稍稍留意语气语调，不能是讽刺、嘲笑或看不起的语调。

## 父母小行动，孩子大改变

EP 父母练一练

如何用积极倾听重复法接纳感受?

1. 孩子："妈妈，今天实在糟透了，我没有戴红领巾，在放学的时候被老师批评了。"

作为孩子妈妈，你如何接纳孩子的感受?

2. 先生："老板真的可恶，怎么把一个部门的活都给我一个人，我花三个晚上熬出来的文案，就因为一个错别字，当着那么多人的面批评我。"

作为妻子，你如何接纳先生的感受?

3. 闺蜜："我居然遇到这样一个男人，我就多买了一件衣服，而且是刷自己的卡，他居然说我只知道花钱，真的太气人了。"

作为闺蜜，你如何接纳闺蜜的感受?

# 1.3 如何“听”孩子愿意说

随着孩子慢慢长大，父母慢慢会有失落感。孩子愿意讲的话越来越少，有时无论父母怎么做，回应就是一个字“嗯”；多的时候两个字“还行”“不好”；如果再多点，三个字“不知道”。父母如何“听”孩子才愿意说呢？

## 攻略6：两步倾听法

**第1步：**只听不说，积极用心倾听。父母先听孩子说完，孩子才会听父母说。父母闭上嘴巴，孩子才开始思考。之所以父母与孩子沟通不下去，是因为在孩子没有把话说完时就被父母打断，有时甚至是被父母带着批评或否定的口吻打断。孩子的第一句话往往是试探父母的反应，根据父母的反应再决定自己要不要继续沟通，第一句话往往也是孩子想要表达的最表层的意思。一般情况下，只要被父母否定、批评后，孩子是不愿意继续说出自己真实的想法的。

牛牛妈妈很苦恼，因为牛牛对妈妈说：“妈妈，我是我们班玩游戏时间最少的孩子。”牛牛妈妈跟我讲：“我的第一反应就是生气。周六周日都在打游戏，还不算平时奶奶给他‘放水’的时间，游戏时间居然还嫌不够。再说长时间打游戏不是什么好事情，我们家已经很开明地允许他看电视和打游戏了。”对于游戏，我想很多妈妈都有类似牛牛妈妈的苦恼，但如果把刚才那番话直接说给孩子听，那么我猜以后孩子再也不想跟父母讲话了。

我在朋友圈做过一个调查：你最期望父母改掉的习惯是什么？孩子回答：“太唠叨！”你觉得孩子最让人头疼的是什么？父母回答：“对抗！”

妈妈们典型的一天是这样的，起得最早，做得最多，一边做一边絮絮叨叨：“快起床，上学迟到了！”“还不起床，上班要晚了！”等到晚上孩子和丈夫回家，又变成：“怎么又打游戏，你作业还没有完成！”“怎么又打游戏，你下班回家就知道打游戏，孩子怎么做作业？”

妈妈们感觉不被理解，明明每句话都是对的，可总被嫌弃，心里很委屈。好不容易等孩子睡下，与丈夫的独处时光又变成诉苦时间：“你以为我想说，还不是为了这个家。哪件事情不都是我做的，做那么多还被人嫌弃。”妈妈们在这个循环中周而复始，过着自己不想要的日子，有时发现真不是“过日子”，简直是“熬日子”，生活到底是怎么了？

**第 2 步：**“听”——不评判、不指责、不否定。听懂孩子真正的意思仅有耐心是不够的，还要不评判、不指责、不否定，孩子才会把内心真实的想法说出来。

父母的逻辑：因为爱孩子才把建议和经验教给孩子，孩子才能避免走弯路。无数事实证明，父母给的建议即使是对的，方法是好的，对孩子是有帮助的，孩子也不太愿意听。大多父母很执着，一直说到孩子去做这件事才罢休。因为爱孩子，所以执着。父母认为，放弃就意味着孩子要走弯路。

孩子的逻辑：你都不了解情况，要么只知道让我干这干那；要么这个也不让干那个也不行，甚至我想干的不让干，我不想干的偏让干，永远在那里指挥我。

孩子的潜台词："我就是做不好事！要做你自己去做好了，我才不干。每次都说为我好，逼我，强迫我，哪里是为我好，我就是不听你的！"

孩子看到父母拿自己没有办法时，内心很是窃喜。父母感觉孩子越大越难被说服，孩子再大些，门一关，再也不搭理人。好不容易门开了，结果孩子挂出一个牌子"未经允许不得入内"，为此多少个夜晚父母以泪洗面，百思而不得其解。孩子不愿意与父母沟通的原因，可能是：

- 嫌弃父母啰唆。
- 父母对自己有更多的要求。
- 带来更多批评，甚至打骂。

父母和孩子本该是彼此依靠、最深爱的双方，却在现实中互相伤害和对抗。两步倾听法帮助父母走进孩子的内心。

### 挑战 3：牛牛想要更多的游戏时间

牛牛 8 岁的时候在暑假玩 iPad 上瘾了，那时我和他的妈妈花了很多时间才帮助孩子从网瘾中走出来。如今牛牛已经 10 岁，牛牛妈妈仍然对牛牛玩游戏很敏感。今天牛牛妈妈把孩子带到工作坊，期望我能帮她解决一个难题——牛牛觉得玩游戏的时间太少。以下是我和牛牛的对话，使用的是两步倾听法。

牛牛："贝妈，我做过调查，我们班就我玩游戏的时间最少。"（孩子说这句话可是有依据的——做过调查，明显有备而来。）

我："你做的调查很好，针对想要更多玩游戏的时间，你愿不愿意多说一些呢？"

牛牛 :“别的同学玩游戏的时间都比我多！”（一般情况下，孩子才说一句，父母往往跟上十句 :“别的同学，你怎么没有说别的同学都是做完作业才玩游戏，还有别的同学都没有玩呢。”只要这么说了，接下来你就别想谈话能够继续下去。）

我 :“还有别的吗？”（鼓励式回应，不评论、不批评。）

牛牛:“作业很多,有时想放松一下,玩游戏很快乐。”(深呼吸,沉住气。)

我 :“还有吗？”

牛牛 :“每次我一玩游戏，妈妈就不停地问‘作业做完了吗’，我就越不想做。”（继续淡定。）

我 :“还有吗？”

牛牛 :“大家都会玩新游戏，我不会玩，就没有同学跟我玩。”（这是一个深层次问题。）

这个阶段我没有打断孩子讲述，更无评论，而是认真并真诚地问“还有吗？还有吗”，直到孩子说“没有”。这是“听”的两个步骤。

我 :“谢谢你愿意把真实想法告诉我。（鼓励，对于稍微大一点的孩子父母不要吝啬致谢，孩子愿意跟你沟通已经体现出非常好的亲子关系，最怕他什么都不跟你讲，不让你知道。）你感到有点担心，是因为新游戏你不会玩，你希望多花点时间在玩新游戏上，这样同学更愿意跟你玩？”

牛牛 :“是的。”

我 :“你现在愿意听听贝妈对这件事的想法吗？”（这句话给人第一感觉像多此一举，其实背后是对孩子的尊重，问与不问效果很不一样。）

牛牛 :“你说。”（停顿了一下才说。）

我："我从你妈妈那里知道，在家里妈妈是允许你玩游戏的。你做的调查结果愿意告诉我吗？你的同学花多少时间玩游戏？"

牛牛："我调查同桌、前后座的同学，他们每天都可以玩，而我只有周六周日可以玩。"

我："嗯，我猜你觉得比起你的同学，你玩游戏的时间少很多。你猜猜看，妈妈为什么那么在意你玩游戏？"

牛牛："我知道，我看过电视，小孩子的大脑到25岁才会发育成熟为理性脑。"（牛牛喜欢看科学探索类节目，这个答案让我意外，我因此省去很多时间讲脑科学知识。如果孩子不知道，父母可以百度搜索大脑结构，在本书后面章节我也会介绍，或者大家可以阅读西格尔写的《由内而外的教养》这本书。）

我："是呀，因为大脑成熟有一个漫长的过程，有时候不是你不想关掉游戏，而是大脑未能跟上，所以就做不到，妈妈也因此在时间上很是在意。我猜你也不喜欢这样，对吧？"

牛牛："我不喜欢。"

我："我猜妈妈是感到担心，因为妈妈注意到游戏会刺激小孩的大脑，不断强化后会上瘾，让你不断地想去玩游戏。你一直以来都很自律，但控制游戏时间有时对大人来讲都没有那么容易做到。你愿意一起想想怎样让自己既能玩新游戏，又不会上瘾吗？"

牛牛："我觉得在作业做完的情况下，每天玩15分钟，没有做完作业就不玩。"

我："还有别的主意吗？"

牛牛：“要不周末可以给我更长的时间玩游戏，如周六周日可以玩现在双倍的时间。”

我：“还有吗？”

牛牛：“没有啦。”

我：“你觉得哪个方法是你想试试的？”

牛牛：“每天都玩。”

我：“我相信你能控制好自己，只是在玩游戏这件事情上，每一次开始都会让你更想继续，频率越高就越想，我有一点点担心。”

牛牛：“的确也是，我每天都想着玩。那我就周六日每天玩 30 分钟？”

我：“成交！”我们击掌。

后来我特意与牛牛妈妈跟进牛牛的执行情况，牛牛很好地遵守约定，平时也没有那么惦记着玩游戏，周末也能够说到做到。

对于孩子来讲，父母虽然无法隔离电子产品，但是至少可以疏导孩子的行为。游戏上瘾取决于玩游戏的频率和时间，一个星期控制在两小时内，孩子原则上是不会上瘾的。从大脑运作的角度和孩子自控自律的实际情况来说，减少频率也算一种办法。另外，为了让孩子从电视和电子产品中走出来，最好的方法是创建家庭特殊时光，本书后面讲到的 ABCD 陪伴法就是创建家庭特殊时光的攻略。生活中多开展一些户外活动如散步、爬山、跑步等，在家里通过亲子游戏、阅读、做家务等方式也可以分散孩子对电视和电子产品的注意力。

总之，花时间陪伴孩子，孩子就无须电子产品陪伴。电子产品往往是孩子无所事事时的最佳伙伴。在玩游戏上瘾之前，孩子更喜欢跟父母在一起，只有上瘾后才更喜欢游戏。如果孩子玩游戏上瘾，父母做什么努力都效果甚微。无数的亲子教育书，虽然理念方法各不同，但在有效陪伴这一点上出奇的一致，父母一定要安排特殊时光给孩子。

两步倾听法不仅适合亲子关系，同样适合夫妻关系。如果夫妻教育观念不同，最好允许另一半先把他的教育观念讲完，而不是立刻打断和评判，等对方说完再把自己的教育观念说出来。试试看结果会怎么样？如果你是领导者，试试下属犯错时先不骂人、罚钱，让下属先谈谈这个问题，看看结果又会怎样？如果你在经营企业，试试让客户先把自己的糟糕经历讲完，不打断、不辩解、不评判，结果会怎样？列举这些情形，是想让大家了解，基于阿德勒个体心理学的鼓励式教养并非仅对亲子沟通有效，恰恰相反，它可以解决成人世界的人际沟通问题，而且效果还不错。

## 父母小行动，孩子大改变

### EP 父母练一练

1. 从现在开始，专注地倾听孩子在说什么。想一个一直困扰你的问题，心平气和地问孩子："我注意到你最近……你愿意跟我多讲讲吗？"让自己保持嘴巴紧闭。

2. 问孩子"还有吗"（不评判），直到孩子说"没有"。

3. 问孩子自己准备怎么解决，最后试试这个方法是否可行。

4. 无论结果怎样，最后都表示感谢。

## 1.4 如何“问”孩子才会听

父母不需要知道所有答案，只需要问对问题，孩子就能解决问题。

——贝妈

父母基本都会问一个相同的问题：“孩子磨蹭怎么办？”我们先来做一个小小的测试，孩子回到家时把手机录音功能打开，连续录音三天你会得出一个惊人的结论——每天父母跟孩子说的话翻来覆去就这几句：

- “去刷牙！”
- “穿上你的衣服！”
- “去睡觉！”
- “去做作业！”
- “快去洗手！”
- “把电视关了！”
- “抓紧时间吃饭，否则就要迟到了！”
- “去喝水！”
- “把你的玩具捡起来！”

如果你是孩子有何感受呢？我曾有一次公众演讲，一位三年级的小男孩一定要参与体验活动。听完上述九句话，他说：“你们大人平时就是这样说话的，所以我能拖多久就拖多久！”当时全场寂静，每一个在现场的家长都深深地被震撼。拖延不全是孩子的问题，而是父母忽视孩子的感受造成的。

命令和告知后面的感叹号会让孩子觉得，“这也要我去做，那也要我去做，我现在偏偏就不做”。感叹号往往是自上而下命令或者告知的表达方式，孩子没有感受到被尊重与爱。“一秒变战场”都是这样爆发的。

封闭式提问是变相的命令和告知。“再过五分钟把作业做了，好不好？”“现在把电视关了，行不行？”我常常把这样的封闭式提问称为“仙人指路”的思维模式，给孩子指出一条路且答案还必须是符合父母心意的，否则后果不堪设想。而引导式提问是家长把口中的“感叹号”转换成“问号”。问号往往启发思考，背后是相信孩子自己能找到解决方案，鼓励孩子思考，培养孩子的责任感、想象力和自信等品质。

## 攻略 7：引导式提问法

引导式提问是开放式的，往往使用“什么”“如何”“怎样”等词语，可以简单理解成把感叹号转换为问号的育儿攻略。引导式提问意味着父母没有预设，即使孩子的解决方案不够完美，父母也愿意陪伴孩子一起去探索。这就要求父母对孩子有足够的信心，相信孩子能行。我把引导式提问形象地比喻为“条条大路通罗马”的思维模式。一个问题有三个以上的解决方案，父母在践行过程中可以自行判断。引导式提问是鼓励式教养中最有力量的一个攻略，更是体现父母对孩子尊重和鼓励的沟通方式。现在把命令式九句话以引导式提问的方式表达出来。

命令：“去刷牙！”

引导：“想想看怎样可以让牙齿又干净又整洁呢？”

命令：“穿上你的衣服！”

引导："想想看穿什么衣服出去不会感到冷？"

命令："去睡觉！"

引导："你准备什么时候睡觉？"

命令："去做作业！"

引导："你准备什么时候做你的家庭作业？"

命令："快去洗手！"

引导："怎样才能让手看起来干干净净呢？"

命令："把电视关了！"

引导："你准备什么时候关电视？"

命令："抓紧时间吃饭，否则就要迟到了！"

引导："想想看有什么办法能准时到校呢？"

命令："去喝水！"

引导："想想看口渴了该怎么办？"

命令："把你的玩具捡起来！"

引导："想想看怎么收拾你玩完的玩具？"

以下是来自扬州成成妈妈的真实案例，通过引导式提问让成成主动练琴。

在等待成成爷爷来接他去上课的时间里，成成就在家里转呀转呀……如果以前看到孩子这样浪费时间，成成妈妈会忍不住说："成成，是不是应该去看书、弹钢琴或写作业？"

成成妈妈没有按照老习惯，决定用引导式提问来试试："成成，在爷爷来之前你打算做点什么呢？"成成特别愉快地说："去弹钢琴了。"真的太不可思议，要知道弹钢琴以前可是家里的大难题。更让成成妈妈意外的是，他弹了一首有点难度且老师还来不及教的曲子。要是在往常，多弹一会儿都不行，更别说去弹一首老师都没有教过且有难度的曲子。

这就是引导式提问的魅力，简单的提问让事情向着以往不同的方向发展。类似的场景在我家也发生过，孩子不愿意刷牙，于是我问："怎样可以让你的牙齿干净而整洁呢？" 孩子回答："看电视、看书、不吃糖、看医生、漱口、刷牙。" 然后我说："那么现在可以做什么呢？" 他说："刷牙。" 自己就开心地跑去刷牙了。孩子就是孩子，他们的思维总是天马行空。在父母的大脑中，只有刷牙这样一种方式，但孩子给出了六种，而且每种都是可行的。刚开始他说看电视可以让牙齿干净而整洁，我很惊讶，但的确电视中也有专门教孩子怎么刷牙的。

用引导式提问可以培养孩子哪些品质和能力呢？

- 当问这些问题时，孩子会主动思考该怎么办，从而激发孩子思考问题的能力。相反，用命令告知时，孩子的反馈是对抗和拖延。
- 培养孩子的想象力和创造力。未来是人工智能时代，而想象力和创造力是未来人工智能都无法替代的能力。从某种意义上来说，很多教育教给孩子的往往都是凡事只有一个标准答案。孩子的思维就会受限。
- 办法都是谁想出来的？孩子！孩子因此会有一种"我可以做好事情，我能自己解决问题"的自信。
- 重要的是孩子愿意去实施自己想出来的解决方案，而不是你命令或告知的事情。这样就把孩子的行为和应该承担的责任连接在一起了。命令的方式只会让孩子学会拖延并推卸责任——是你让我睡觉，是你让我写作业。

直接的命令或告知看起来简单快速，而引导式提问实在麻烦且陌生，脑袋还要转转弯，但是，教养孩子的过程从来不是简单快速的。通过直接的命令或告知，即使真的培养了一个“听话”的孩子，这难道就是你所期望的吗？孩子的自信、独立思考能力、问题解决能力、想象力、创造力……这些优秀的品质和能力从哪里去学习呢？这好比孩子学习游泳，他需要自己到水里去扑腾，然后才能学会。如果总在岸上，你告诉他要换气、蹬腿，即使他照做了，也未必真能学会游泳。我们的孩子不是在家就是在学校，家是父母教养孩子最好的“游泳池”，在孩子小的时候父母一点懒都不能偷。最怕父母在孩子小的时候选择放手，在孩子大的时候选择插手。孩子12岁之前，父母是孩子的全部。

### 挑战4：只吃肉包子，不吃菜包子

这是豆豆妈妈分享给我的案例。读完案例，我再次感慨，父母不需要知道所有答案，只需要问对问题，孩子就能解决问题。

豆豆妈妈已经坐在餐桌边开始吃饭，豆豆继续玩自己的玩具，好不容易让他坐到餐桌旁，豆豆说他只吃包子。事实上，豆豆在那个阶段每天必须吃包子。奶奶最爱豆豆，想着难得孩子喜欢，总会事前准备好包子，而且变着花样换不同馅儿的包子。

豆豆：“不想吃！我只喜欢吃肉包子！”豆豆咬了一口奶奶准备好的、温度适宜、夹到豆豆专属小碗中的包子，“我只喜欢吃肉包子，这是菜包子，妈妈吃。”

豆豆妈妈："妈妈吃米饭。"

豆豆："那奶奶吃。"豆豆把菜包子放到奶奶碗里。

奶奶："今天想换个口味，只买了两个豇豆包，要不我重新蒸包子。"奶奶连忙来救场。(老人总是溺爱孩子，只要自己能办到的都毫无怨言。)

豆豆坐在那里耍赖，一会儿说不吃饭，一会说只吃肉包子。好在那天豆豆爸爸还未回家，否则家里又将爆发一场战争！这样的情景几乎每天都要循环上演。明明知道孩子挑食不好，更知道不能这样宠着他，但孩子哭闹、不吃饭也是一个问题。

豆豆妈妈："看起来豆豆更喜欢吃肉包子，对吧？妈妈小时候也曾经只喜欢吃馒头。"豆豆拿着包子笑着看着妈妈。"现在奶奶只买了菜包子，豆豆有什么办法把菜包子变成肉包子呢？"

豆豆："当然有了！"他一边把豇豆弄出来，一边把汤里的肉丸子放进去，而且加了点番茄，一个自己独创的"肉包子"就成功出炉了。他还加了点其他菜在包子里，感觉就像在吃汉堡一样，豆豆高兴地说："看，肉包子。"

晚饭豆豆吃得很高兴，奶奶也不必再次忙碌蒸包子。在本案例中，豆豆妈妈就使用了引导式提问法和接纳感受的攻略。

【试过的 ABC】

A. "现在只有菜包子，你不吃就算了，饿了我不管，反正我们吃完就收拾了。"这是强硬型父母的风格，背后隐形的声音是让你尝尝饿肚子的后果。这个方法看似坚定，结果可能是父母越不给孩子肉包子，孩子偏要肉包子。于是吃饭成为大人们的"战争"，孩子只负责哭。

B.“乖宝贝，今天就将就了，菜包子也是包子，只吃肉包子对身体不好，蔬菜里有维生素，还有很多对我们身体有帮助的微量元素。你不吃会生病的，生病要打针，打针会很痛的……”

C.“别哭了，别哭了，现在给你去蒸肉包子。你这孩子，真的是平时宠惯了，越来越无法无天。”（孩子得到自己想要的，用发脾气、哭闹来操纵父母。）

以上方法都是对孩子满满的爱，但是孩子会学习到什么呢？“我发脾气就可以得到我想要的。”“我可以操纵大人。大人就是要为我服务。”长此以往，很难想象孩子将来会怎样。只有接纳孩子的感受，父母的爱才能传递到孩子的心，父母担心挑食、营养不均衡等想法孩子才愿意听。父母一个简单的提问，让事情有了转机，整个过程其实是一个尊重孩子也是尊重父母自己的过程。孩子解决问题的能力比父母想象中的要强。父母不需要什么都知道，也不需要无所不能，有时问对问题，挑战就可以变成机会。

**小贴士：**鼓励式教养中的引导式提问法往往激发孩子自主思考的力量。假如不是让孩子自己思考而是直接告诉他：“你把包子的馅换了，就变成肉包子了。”结果会完全不一样，孩子会说：“这明明是菜包子。”再花几小时争论也讲不清楚，这就体现出了引导式提问的价值。孩子也受益匪浅，他会经历一个完整思考的过程，从发现问题到解决问题，并且享受自己的成功。引导式提问帮助孩子在家里获得了归属感与价值感。

## 攻略 8：三步六字引导法

三步：问三个问题；六字：每个问题有两个关键字。在日常生活中，我问的最多的三个问题：

- 感受——你有什么样的感受？
- 想法——你有什么样的想法？
- 决定——你有什么样的决定（计划）？

我的课堂来过一对双胞胎的妈妈，她分享了孩子在家里打架的案例。自从学会了三步六字引导法后，孩子一打架，她就把两兄弟分开，然后问这三个问题。一个孩子说的时候，另一个孩子安静地听。如果另一个孩子要打断或辩解时，妈妈温柔地制止并告诉他，等对方说完你也有机会说。当妈妈问完这三个问题后，孩子通常也就知道怎么解决问题了。

三步六字引导法不仅适合年幼的孩子，还适合青春期的孩子，甚至在成人人际关系中都发挥着显著的效果。在情绪爆发前一定记得先问这三个问题，坏情绪自然得到疏解或彻底消失不见。

家有小学生的家长常向我抱怨，孩子的分数就是情绪晴雨表。一位妈妈说，如果孩子一回家就哭，她知道今天一定考试了，而且考得不好。虽然父母也没有指望孩子每次都是第一名，但一说到成绩孩子就崩溃。学校老师要求写反馈，现在成绩是孩子的心病，应该怎么谈呢？现在你可以按照以下方式跟孩子轻松谈分数。

## 挑战 5：三步六字引导法轻松与孩子谈分数

今天是一个特别有意思的晚上，孩子刚刚上完美术课回来，本来是很辛苦的一天，却因这件事而变得非常有趣。

孩子："妈，今天数学单元测试了。"

我："哦，你感觉怎样？"

孩子："反正不是 100 分。"

我："哦，这次简单的题检查没有？"（对我来说，没有考 100 分很正常，因为他一直在努力，可惜一直没有实现 100 分。上次我们讨论卷子的时候，他总结了简单的题没有及时检查而被扣 2 分。）

孩子："是 100 分加笑脸，附加题也做对了。"原来这个小朋友还很幽默。

我："原来这样啊，恭喜你实现了你的第一个小目标，你感觉如何？"

孩子："感觉很不错。"

我："你有什么想法？"

孩子："没有什么想法，不过我发现了很多'陷阱'。"（陷阱是我和他探讨口算时，他把很容易看错或做错的题叫作"陷阱"。）

孩子开始像一个老师一样给我讲解卷子："看，这里有一个小陷阱，你一不小心就会以为是选择正确的，其实题目要求你选择错误的。这里很容易漏掉这个数字。这里最难，我看了两遍题目才发现……"

其实这是孩子少有的满分卷子，可是我知道他一直在努力，我始终相信他。

还记得上个星期我与他讨论卷子。他给我打了一个电话："妈，今天我们进行新学期的第一次考试了，我没有得 100 分。"

我："哦，多少啊？"（作为妈妈，我尽可能不看重分数，但说实话我还是有那么点在意的。）

孩子："98 分，其实错得很不应该，算式都对，就是在答的时候把 30 的 0 忘记写了，然后单位没有加括号。真该考 100 分的。"

我："哦，那你一定感到很可惜吧。看看下次如何避免这个问题？"

孩子："这次做完试题后，我把我认为难的题都检查了一遍，其他题很简单，所以就没有检查。下次越简单的题越需要检查。"

我："妈妈相信你会做到的。"

孩子现在不害怕考试，双百是他的心愿，他一直在努力。在日常生活中，关于考试的话题我基本都会使用引导式提问，虽然每次还是不经意间会先问分数，但是我们的交流是非常快乐的。孩子在不断地寻找适合自己的应对考试的办法。我的职责是引导他如何面对下一次考试，不会指责甚至惩罚他。我想如果他知道自己错在哪里，并且知道下次如何解决，然后把每次考试看作自己解决问题方法的尝试，那么这个过程一定可以鼓励他实现目标。

我从未想过他每次考试都得 100 分，我觉得他在考试中学到什么远远比分数更重要。假如一直可以如此轻松地谈论分数、快乐地参加考试，这何尝不是一个好的开始呢？如果我通过指责、大声呵斥的方式谈论分数，那么可以想象，孩子会恐惧考试，遇到考试就会紧张，因为考不好，回家就要挨骂，考试对孩子来说是一件非常有压力的事情。

在谈论考试分数时父母使用引导式提问法，关注问题解决，有助于培养孩子自己解决问题的能力。也许不是谈一次孩子就可以养成习惯，但当你每次都这样跟孩子交流时，无论考得好与不好，孩子都会在这次经历中收获到自己的经验。

使用引导式提问法时需要保持足够的好奇心。无论是简单的引导式提问法还是三步六字引导法，实施的困难点就是家长要有足够的好奇心，允许孩子的答案跟你不同。要避免父母先把答案想好，然后让孩子来回答。这种感觉就像你挖坑，孩子来跳，然后你自以为搞定了孩子。孩子很聪明，很快就会发现这是一个“计谋”，感受到不被尊重，更没有感觉到爱，随后攻略就不会起作用。保持足够的好奇心，不带任何预设，允许孩子不同，哪怕不够完美，也会收获惊喜。

保持好奇心，就有机会听到对方怎么说。人很奇怪，往往根据自己的猜测去想象他人，然后会找到很多现象来验证自己猜测，就像“疑邻盗斧”的故事一样。所以，保持好奇心就是不急于下定论，先听听孩子的看法。

在与孩子相处的过程中，保持好奇心和兴趣一直深深地鼓舞着我。有一次，在孩子放学回家的路上跟他聊起班级里发生的事情。孩子说有位同学要把捡到的钢笔跟他换新钢笔。

我：“同学这样做，你有什么感受？”

孩子：“很生气，因为这支钢笔不是他的，我们都知道是谁的。”

我：“那你有什么想法呢？”

孩子：“我告诉他，要把钢笔还给同学。”

我：“那你有什么决定？”。

孩子：“我还是会跟他换。”

我：“你为什么还要换？”

孩子：“如果他还是不肯还的话，我就跟他换，换回来再还给那位丢失钢笔的同学。”

我：“妈妈相信你做出了一个了不起的决定。”

如果我不是好奇地多问了一句，可能就无法发现原来孩子有自己的解决之道。从那时起，我更加知道保持好奇心有多么重要。阿德勒说：“每个人看待事物的样貌都不同。”常说尊重差异，最好的方式其实就是“保持好奇心”，多问几个“什么”“怎么样”的问题。

保持好奇心，让父母看到孩子更多的可能性。发现事情背后真正的原因；保持好奇心，让孩子看到人与人之间的爱、善良、责任等优秀品质；保持好奇心，可以收获频频感动，因而懂得更加珍惜。

当使用三步六字引导法时，孩子回答“不知道”时，怎么办呢？这是一定会遇到的困难，可以这样来应对。

A. 可能父母问了一个“假”引导式问题。

孩子上六年级时，学校英语老师开始用全英文上课。家长们在微信群里讨论：“老师全英文上课，孩子们听起来有点吃力，毕竟以前英语课不是这样的。”我马上想到自己的孩子，于是赶紧给孩子打了一个电话。

我：“今天英语课感觉如何？”

孩子：“还行。”

我：“我听说全英文上课，你有什么想法？”

孩子："就是有点难，有些听不懂。听懂的我都举手回答了。"

我一着急就说："你哪些听不懂呢？"

孩子："不知道。因为没有听懂，所以也不知道是哪些。"

孩子爸爸："你刚才的问题没有问对，你要这么问：'当遇到听不懂的地方时，你可以怎么做呢？'"不得不感慨孩子爸爸功力很深。这是第一次我问了一个"假"引导式问题。

B．父母问对了问题，孩子继续说"不知道"，怎么办？

我："当遇到听不懂的地方时，你可以怎么做呢？"

孩子："不知道。"

这样的情形又该怎么应对呢？以下方式供参考：

- "你愿意现在再想想吗？"
- "你是想在回家前告诉我还是睡觉前告诉我？"
- "我这里有一个魔法棒（小象等小物件），它常常给你力量，让你想起一些事情，帮助你思考，要不要试试？"
- "你试试从沙发那头跳过来后给我一个主意。"
- "我先给你一个点子，你再想一个点子如何？"（通常父母给出一个出乎孩子意料的点子，然后让孩子再想一个点子。）

当孩子不知道怎么做，或者犯了错误时，父母总是争分夺秒地教孩子正确的方法，生怕错过什么。我们建议父母腾出一点时间让孩子自己思考，而不是急于给解决方案。总之，引导式提问的核心是鼓励孩子独立思考，父母陪伴、鼓励和引导孩子克服困难，而非"帮孩子"解决困难。家长给我的反馈：在鼓励式教养中最好用、最神奇的是引导式提问，在任何时候、任何地点它都会发挥作用。即使在用了命令或其他方式后再用引导式提问，同样有效果，引导式提问就是一个极具力量的化学反应试剂。本书几乎所有章节都会使用引导式提问，所以现在赶紧试试，看看孩子会有怎样的反馈?

## 父母小行动，孩子大改变

### EP 父母练一练

如何用引导式提问走进孩子的内心？

1. 孩子："今天下午，班长故意把我的水彩笔放在地上，然后我没有看见，走过去摔了一跤。他和同学们在那里笑我笨，我真的很生气。"

如何用引导式提问帮助孩子克服这个挑战？（试试三步六字引导法）

2. 孩子："妈妈，今天我举了很多次手，老师都没有叫我回答问题。"

如何用引导式提问帮助孩子克服这个挑战？

3. 孩子："妈妈，这次考试我只考了 80 分。"

如何用引导式提问法与孩子谈论考试分数？

## 1.5 如何“做”才会拥有优质的亲子关系

孩子需要“陪伴”，而不仅仅是“看护”！

——贝妈

A 妈妈的困惑：“我每天都跟孩子腻在一起，时时刻刻都围着他转，自己一点空间都没有，可是孩子没完没了地要这样、要那样。每天最轻松的时候是孩子睡着后。烦死了，越想他早点睡，他精神就越好，每次都折腾到晚上 11 点才睡着。”

B 妈妈的后悔：“以前为了做生意，我把孩子放在老家。现在虽然生意好了，可是孩子天天玩游戏，说也说不得，打也打不得。”

C 爸爸的感慨：“我之所以来学习父母课程是因为我问女儿‘喜欢我吗’，女儿说最喜欢隔壁的王叔叔。因为工作，我很多时间都在外面……”

D 妈妈整天跟孩子在一起，时刻守护着孩子。孩子爬高，赶紧把孩子抱下来，带着斥责的口吻说：“我已经跟你说过 100 遍了，不可以爬上去，你知不知道摔下来会怎样？”

不花时间在孩子身上，孩子会闹；花时间在孩子身上，孩子也闹。到底要怎样做，才能应对这些挑战呢？

如果人生病住院了，就会有一个床位和一张卡片。卡片上的信息大概是这个病人是哪个护士看护的，要负责病人吃药、输液和其他康复工作。但是，护士不管病人的吃喝拉撒，于是医院就多了一个叫作“护工”的岗位。护工不管健康，只负责病人的吃喝拉撒，如果要找一个能聊天、会说话的护工，需要更高的价格。护士和护工一起合作，大概能让病人恢复健康。在养育孩子的过程中，我们很多家庭的教养模式就是“护士＋护工”，负责孩子的人身安全，负责孩子的吃喝拉撒，就认为已经尽到了父母的职责。

这让我想起在咖啡馆里看到的一幕。一个很有情调的咖啡馆，安静、私密，很适合聊天，当然也适合孩子做作业。妈妈给孩子找了离自己距离近的桌子，给孩子点了最爱的奶茶，温柔地说：“妈妈给你找了这么好的咖啡馆，你就乖乖地在这里做作业，做完作业，我们和阿姨一起去吃大餐。”然后给自己和闺蜜点了最爱的饮品，开始兴奋地聊天……不到5分钟，孩子说：“妈妈，这道题我不懂。”不到10分钟，孩子又说：“妈妈，这个字我不会写。”孩子要么坐在那里发呆，要么认真地倾听妈妈在聊什么，还不时插上几句话……一小时过去了，孩子只写了十几个字。此刻妈妈气急败坏地说：“你说要出来做作业，给你点了奶茶，满足你吃大餐，结果你就坐在这里，什么都不做！到现在就给我写这么几个字！”

我曾在院子里看到这样一幕，孩子一边玩滑梯，一边不停地喊：“妈妈一起来，妈妈一起来。”妈妈说：“那是小朋友玩的，妈妈不能玩，物管叔叔会骂的。”然后妈妈就开始刷朋友圈或追剧，偶尔看一眼孩子是否在那里。

以上案例中父母在履行着“看护”的职责。“看护”这个词说起来很露骨，冷静思考一下，这样的“陪伴”和“看护”确实有太多的相似之处。难道不是吗？这样的“陪伴”只是伪装得更加高级而已，如同把孩子送进了 VIP 病房。

父母的共识——孩子需要被照顾，所以孩子需要与成人在一起。这个想法源于马斯洛的《需求和动机》这本书，他花了很多篇幅来说明人类的需求。举个例子，孩子饿了喂吃的；孩子尿了换尿不湿；孩子病了看医生；孩子危险时要保护……这些都是生存的本能。尤其是孩子小的时候，几乎无法独立生存，特别依赖大人，妈妈很多时候承担了这部分责任。从某种意义上说，这仅仅满足了孩子的生理需求，甚至连安全需求都未达到。

如果孩子一做事情，父母就阻止、斥责或威胁，那么孩子的安全需求不仅没有得到满足，反而加重了孩子对环境的恐惧和对权威的错误认知。要么顺从失去自我，要么对抗叛逆到底，还有可能扼杀了孩子的好奇心，阻碍了孩子想象力和创造力的发展，剥夺了孩子在生活中学习合作、尊重、贡献和分享等品质的机会。

“看护”只能满足人类最基本的需求，孩子更是如此。妈妈常常会困扰，为什么已经花很多时间在孩子身上了，可是孩子依旧有那么多问题。因为孩子在成长过程中还有依恋关系、情感渴求、归属和价值的需求，这些需求只有孩子在父母高质量的“陪伴”中才能获得。

## 攻略 9：ABCD 陪伴法

父母如何高质量地陪伴孩子呢？父母放下手机，放下所有的事情，把自己想象成孩子的朋友，全身心地投入孩子的世界中，做孩子觉得开心快乐的事情。在鼓励式教养中，我把这样的陪伴叫作 ABCD 陪伴法。如果每天都有这样的有效陪伴时光，那么在养育孩子的过程中父母会轻松很多，特别是使用了 ABCD 陪伴法后，孩子在吃饭、刷牙、洗脸或睡觉时等都会非常配合。这个方法无须花费父母太多的时间，只需遵循以下四步。

**询问（Asking）**

询问孩子：跟妈妈（爸爸）在一起做什么事情是最快乐的?

**头脑风暴（Brainstorming）**

孩子回答后，不要局限于一个游戏或一件事情，爸爸妈妈要追问："还有吗？"在互动过程中不能传递给孩子"做不到、不可能、没道理"这样的信息，否则终止交流。孩子越小，父母越需要耐心地等待孩子的回应。

**选择（Choosing）**

这么多方案中让孩子自己选一个，注意是让孩子选，父母来配合。如果孩子选择了就需要实施。如果当下无法实施，可以约定一个时间来实施。鼓励孩子选一个当下可实施的方案进行互动。

**做（Doing）**

不要再等待，现在就开始，但需要跟孩子约定一个时间。这个时间最好由孩子自己说。父母可以问："你希望我们玩多久？"或者"你希望我们玩几次？"

这四步的英文首字母刚好是 ABCD，所以称为 ABCD 陪伴法，它可以有效地改善以下原因造成的不良亲子关系：

- 全职妈妈长期跟孩子在一起，但未能全身心投入地陪伴孩子。

- 父母与孩子有短暂或长期的分离。
- 父母长期出差或工作很忙。
- 亲子关系比较糟糕。
- 父母无法走进孩子的内心。

陪伴有最低的时间要求，《正面管教》[1]一书中有一个建议：

- 2～6 岁的孩子每天至少 10~15 分钟。
- 6～12 岁的孩子每周至少一次，每次 30 分钟以上。
- 12 岁以上的青少年，每月一次，做孩子不能拒绝的事情。

备注：使用一次 ABCD 陪伴法是不够的，父母有多长时间没有陪伴孩子，那么就要坚持多长时间，这样才能慢慢融合亲子关系，重新与孩子建立心的连接。坚持 21 天，效果非常显著。

## 挑战 6：忙碌的父母怎样拥有优质亲子关系

我无论在哪里上课，一直以来都是妈妈来上课的多，妈妈是陪伴孩子成长最适合的人，妈妈对孩子的爱令人感动。在家庭中，爸爸往往扮演着这样的角色："再不好好吃饭，等你爸回来收拾你！"爸爸似乎成为威胁孩子、惩罚孩子的代名词。爸爸平时陪伴孩子的时间本来就有限，而每次都以威胁者、惩罚者的身份出现，孩子心里又会如何定义"爸爸"呢？

在教育孩子的道路上爸爸扮演着重要的角色，可是在学习如何教养孩子的道路上几乎没有爸爸的参与，我真诚地邀请爸爸出现在孩子成长的道路上。陪伴一定是父母送给孩子最珍贵的礼物，这份礼物错过了再也没有

1　简·尼尔森．正面管教 [M]. 玉冰．译．北京：京华出版社，2013.

机会弥补。如同李嘉诚先生所说："一个人事业上再大的成功也弥补不了教育子女失败的缺憾。"有时，真有一种感觉，再不陪孩子，孩子就这么长大了。爱的真谛一定是愿意为孩子花时间。无论是妈妈还是爸爸，在自己的日程中一定要有最重要的10分钟，陪伴孩子的10分钟。因为这10分钟是孩子健康成长的重要养分，更是亲子关系中的阳光。

在与孩子相处的特殊时光中，让我最开心的就是家人的笑声。因为工作的原因，我有很多时间在外地授课，无法像很多妈妈一样时刻陪伴在孩子身边。深知陪伴带给孩子的影响，我安慰自己在有限时间里提高陪伴孩子的质量。每次出差回来，我一定会用ABCD陪伴法与孩子沟通，共度美妙的亲子时光。

记得我们常常玩的游戏是躲猫猫。一开始我还极度排斥，9岁的男孩子还玩这么幼稚的游戏，但在ABCD陪伴法中重要的是从孩子出发，孩子想玩什么，父母配合才是高质量陪伴。于是我放下手机，关掉电视，整理好情绪，投入躲猫猫游戏中。当他一眼就知道我藏在哪里时，他得意地笑，却又装作我藏得很好，很难找到的样子，实在很有趣。当找不到我时，他模仿恐怖片里的样子，故意假装知道我在哪里，真的太可爱！每次都是我的笑声引导他找到我。有一次，我藏在一个很隐蔽的地方，猫着腰，趴在地上，躲在沙发后面。孩子不停地问爸爸："妈妈躲在哪里？"爸爸摇摇头不告诉他。他找奶奶，奶奶假装大声说"不知道"，然后偷偷地给线索。爷爷不断地给提示……最后他终于找到我！全家人笑得前俯后仰。

我们家特殊时光上榜项目有斗地主、撕名牌、搭积木、散步、逛超市、玩多米诺、画画、看书或看电视。看电视相对比较少，一般孩子喜欢看《地理中国》《荒野求生》类节目，我会认真地陪他看，然后讨论其中的内容。在鼓励式教养那么多亲子攻略中，他最喜欢就是 ABCD 陪伴法。特殊时光是我和孩子最为放松的时候，更是最为开心的时刻。

特殊时光不仅可以是一家三口之间互相约定的时间，也可以是父母分别单独跟孩子在一起的时间。如果有两个孩子，那么可以与两个孩子分别度过特殊时光。对于有二宝的妈妈来讲，如果定期约定与大宝的特殊时光，那么可减少大宝发起的诸多挑战。在与大宝度过特殊时光时，要告诉二宝，现在是跟哥哥（姐姐）的特殊时光，等结束后妈妈也会跟你有特殊时光。有时先陪哪个孩子也要做到公平，比如这周先陪大宝，下周就先陪二宝，总之同等对待两个孩子很重要。如果孩子年龄允许，父母可以培养与两个孩子在一起的特殊时光。

## 父母小行动，孩子大改变

EP 父母练一练

1. 你和孩子的特殊时光是什么？

2. 特殊时光之后孩子的状态如何？你的感受是什么？

3. 你和先生的特殊时光是什么？对你们的夫妻关系有什么影响？

# 第 2 章

# 培养孩子情绪管理能力的十大攻略

## 2.1 情绪急救的重要性

*常把气话当真话信，把真话当坏话听。作为父母，气话思量说，真话要幽默或鼓励说。*

——贝妈

情绪有时是看不见的伤口，每对父母都要学习如何进行情绪急救。孩子不表达，不代表没有情绪，再小的孩子也有“内心戏”。我小时候一直觉得很幸福，“好日子”在妹妹出生后结束。只要妹妹的苹果比我的苹果哪怕大那么一丁点儿，我都觉得妈妈偏心。妈妈总说我是老大，每次吵架都要我先道歉。已经不记得为什么而争吵，但我很清楚地记得，每次都是我先说“对不起”。我常常抱怨：“是谁让我先出生的？！”这就是我作为孩子时的内心戏。

每个孩子都有属于自己内心世界和精神世界的活动。在长大的过程中，我们跟自己的父母进行了“不屈不挠”的抗争，尤其在青春期时更为激烈，多少内心独白被含泪含恨地写进带锁的日记本。终于盼到了结婚，有了孩子，我们与孩子每日上演“争斗戏”。外加职场的压力，我终于明白为什么 30 ~ 39 岁是抑郁症的高发期，因为所有的关系都是以“我们”为中心展开的。

- 为什么我们执着地认为事情就是这样的？
- 为什么我们那么在乎一句话？
- 为什么我们的脾气就是控制不住？

- 为什么我们就是走不进孩子的心里?

我们要意识到什么样的内心戏是健康的，什么样的内心戏是精神疾病发生的前兆，什么时候应该寻找专业的心理咨询师获得帮助。在家庭教育中，作为父母，要教会孩子如何进行自我情绪急救，从而降低心灵创伤发生的概率。因为真正患上精神疾病时，其后果是毁灭性的。

“抑郁”是怎样发生的呢? 在发生之前，没有人觉得自己会抑郁，也不会觉得自己抑郁了。我们都知道“海啸”的发生，“抑郁症”的突发与海啸一样，极具破坏力，甚至发生的过程也很类似。“风平浪静”常用来形容海平面，“暗流涌动”常用来形容海平面下发生的变化。风平浪静的海平面很像抑郁症发生的前兆。表面上孩子可能依旧正常上课、做作业、睡觉、吃饭……如同我们看到一个成人正常上班、吃饭、睡觉。身体的疾病大多显而易见，而内心世界的疾病是看不见的。日子就这样一天一天过下去，如同海浪不停地拍打着岸边。可是有一天，海底地震、火山爆发等引发了海啸。心理健康也是一样的，我把心理海啸简称为“心啸”。突然发生一件事情刺激到我们，看起来正常的人可能一夜之间就精神崩溃。

曾有一个阿拉伯寓言故事：一个主人有一匹老骆驼，它一天到晚任劳任怨地干活。有一次主人想看看老骆驼到底能驮多少货物，于是不断地在老骆驼身上加货物，但是老骆驼始终没有被压垮，加到最后，主人想是不是已经到了极限呢，于是轻轻地放了一根稻草在它背上，就是这根稻草使老骆驼轰然倒下。常常听到这样的议论：“某人昨天还好好的，今天怎么就这样了呢? ”在精神的世界里，最后一根稻草不一定是一件大事，可能恰恰是一件小事。

父母从小就教孩子如何处理身体的伤口，但从未教过孩子如何处理心灵的伤口。记得有一次孩子在户外跑步，跑着跑着摔倒了，膝盖上有一个小小的伤口。他哭了一会儿，然后跑回家从抽屉里找到了一个创可贴，贴在膝盖上来保护伤口。当孩子有情绪时，父母经常这样说："有什么了不起的，不就是一个玩具吗？哭什么哭，大不了再给你买一个！"也有的父母轻描淡写地说："把这件事忘记就好。"所有这些听起来很合理，事实上很残忍，就好比一个人的腿正在流血，旁边的人说："有什么了不起的，腿不是还在你身上吗？忘掉它在流血就好了。不是还能走路吗？没事，没事！"这样的逻辑虽然很荒唐，但是在抚慰情绪时似乎是合情合理的。

现在是时候让我们意识到情绪管理的重要性了。父母需要从小教会孩子如何管理自己的情绪。有哪些情绪管理方法呢？父母如何教会孩子情绪管理的方法呢？我们将从情绪爆发前、爆发中和情绪补救三个阶段来分享情绪管理攻略。

## 2.2 父母示范情绪管理的攻略

如果我们能够意识到情绪即将爆发，那么就可以大大减少情绪失控的机会。父母和孩子如果了解人的大脑是如何管理情绪的，就可以知道什么时候情绪会爆发。这部分内容是由麦克维迪根据西格尔的研究和哈策尔的著作《由内而外的教养》[1] 改编的。

### 攻略 1：了解大脑是如何管理情绪的

随着脑科学的发展，人类对自己的大脑有很多探索，西格尔和哈策尔的著作《由内而外的教养》中对大脑是如何管理人的情绪的有详细阐述。西格尔的研究表明，人类有一个独特的器官叫大脑前额叶皮层，它的主要功能是调控人的理性思考、道德意识、社会认知、问题解决等，但它必须与脑干和杏仁核连接时才能发挥作用。脑干的作用是控制人的基本功能，比如人站在房间里，头上吊灯掉下来时，人会本能地躲避。当我们有情绪时，大脑前额叶皮层与脑干和杏仁核是有空隙的，此时，人做出的反应大多是为了保护自己，为了能够生存下来。如果大脑前额叶皮层不再发挥作用，那么人就不会想到如何解决问题，如何合作，如何贡献。

人类还有一个叫作镜像神经元的器官，如同科学家对它的命名，它具有镜面作用，对负面情绪极其敏感。假如我今天工作时被楼上装修房子的

1　丹尼尔·西格尔，玛丽·哈策尔．由内而外的教养 [M]. 李昂，译．杭州：浙江人民出版社，2013.

噪声弄得非常烦躁，并且还出了不少差错，工作效率极低。等我回家时，孩子作业做不出来，我讲解了几遍，孩子都听不懂，这时候我的情绪很容易爆发。在正面管教里，把“情绪爆发”比喻为“大脑盖子掀开”，父母可以用手掌示范，如图 2-1 所示。在镜像神经元的作用下，孩子也会马上失控。这时，两个人表现出的行为大多都是为了保护自己，因为调控理性的大脑前额叶皮层不再起作用。我们说“冲动是魔鬼”，在情绪中说的话、做的决定，都是不够理性的。很多时候自己都会困惑：“我怎么会说出这样的话？我怎么会做出这样的事情？”

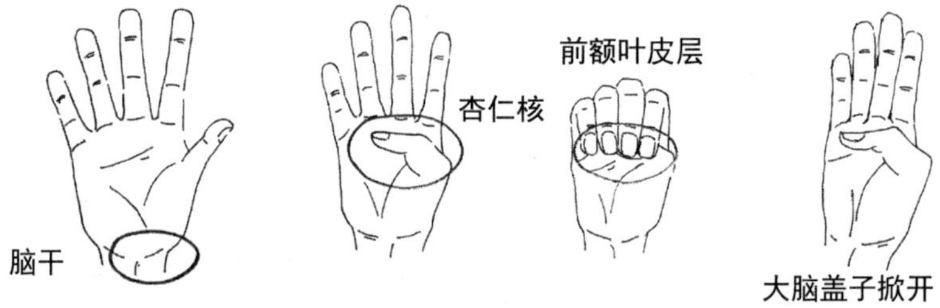


图 2-1 用手掌示范“大脑盖子掀开”

了解了大脑是如何管理情绪的，我们就能更好地管理情绪。比如，我们很容易觉察到对方是否有情绪，这时我们就要留意，如果不暂停片刻，镜像神经元就会发挥作用，让我们很快与对方同步，处于情绪爆发中。我讲课的时候常常开玩笑：“如果一个人情绪失控，然后自己也跟着情绪失控，稍不留意，我们就瞬间进行了物种转化（人类独有的前额叶皮层不再工作了）。”情绪管理的一个方法就是，在情绪失控前对自己说：“我的镜像神经元起作用了，我可不想进行物种转化。”每每我这样提醒自己时，怒火就会平息不少。

## 挑战 7：如何应对孩子的“起床气”

恒恒妈妈利用我分享给她的这个工具，有效地解决了恒恒早上“起床气”的问题。

恒恒上小学后，家人面临的挑战比幼儿园时多得多，幼儿园迟到没有问题，但是小学迟到问题就要严重得多。特别是冬天，孩子起床更是一个难题。恒恒家典型的早晨是这样的：闹钟响了，恒恒躺在床上纹丝不动，奶奶喊第一次，恒恒迷迷糊糊地答应，但压根儿没有起床的意思。奶奶喊第二次，恒恒不吭声。看着躺在床上的孩子，听着哒哒的钟声……这时候任何父母都会觉得一分钟如同一小时。每隔两分钟奶奶都会喊一次，分贝也一次比一次高，耐心一次比一次差。奶奶觉得很委屈：“我喊你，你不起床。喊多了，又嫌我烦！可是得上学呀。喊你也不答应，根本不尊重长辈。”

恒恒爸爸听到这些，“腾”地站起来，冲到孩子床前，掀开被子，从床上拎起孩子。伴随着爸爸的吼声，孩子被彻底吓醒了，瞌睡也没了，但情绪瞬间崩溃，号啕大哭……恒恒妈妈看到这一幕很无助，说也不是，不说也不是，反正无心思吃早饭。于是，奶奶带着委屈送孩子上学；孩子带着哭腔，压根儿没有吃东西，含着眼泪去上学；爸爸带着怒气去上班；妈妈带着苦恼、无助去上班。

事后，恒恒妈妈把大脑的运作过程告诉了恒恒，并且配合手部动作。第二天孩子从情绪中走出来，在吃饭的时候恒恒对妈妈说：“妈妈，今天早上奶奶的大脑盖子掀开了 4 次。”他一边说，一边用手做掀开的动作。恒恒妈妈想，这样做至少让孩子能理解情绪，不会轻易地触发情绪。后来妈妈对恒恒说："如果妈妈跟你在一起时也开始大吼大叫，你可以做什么动作来提醒我，让我知道我的大脑盖子掀开了？"恒恒给妈妈一个"暂停"的手势。后来这个手势帮助恒恒一家人避免了很多一触即发的"战争"。

从恒恒妈妈的案例可以了解到，原来孩子了解了大脑是如何运作的，也就了解了自己的情绪是从哪里来的，更为重要的是，他可以管理自己的情绪，这对孩子来说迈出了很了不起的一小步。建议妈妈们赶紧给孩子分享脑科学知识，说不定这样的奇迹也会发生在你家里。

**TIP：孩子就是不起床怎么办**

A.邀请合作。让孩子参与早餐制作的部分工作。我们总认为孩子太小，不可能参与家务，或者因为爱孩子，舍不得让孩子干家务活。其实在养育孩子的过程中，孩子参与越多越会合作。不良的生活习惯都能在干家务活中得到改正。比如起床，提前与孩子约定好早餐吃什么，再邀请他参与其中一部分的工作，或者根据孩子年龄的大小，由父母来决定孩子做哪部分工作。例如，父母做鸡蛋面时，让孩子打鸡蛋，哪怕只是磕几下鸡蛋，孩子都会觉得吃起来更美味。在保证孩子安全的前提下，让孩子把面条放进汤中或者让他做递面条等小帮手的工作。我相信这不仅能解决起床问题，还能解决吃饭问题。之后我们会分享"无声提醒"的情绪管理攻略，这个攻略之所以会有效果，其背后原理也是邀请孩子提供帮助，实现孩子在家的价值感。

B.引导式提问法提前约定。在前一天晚上入睡前，询问孩子明天打算几点起床，让孩子自己设置闹钟的时间，自己选择闹钟的铃声，自己确定把闹钟放在哪里（如果家里还没有闹钟，让孩子自己选择一个闹钟）。一个简单的约定，就可以使第二天早晨少些对抗，多些幸福。如果父母买了闹钟送给孩子，父母上好闹钟，选好铃声，告诉孩子一切都准备好，那么只能保证父母第二天准时起床。孩子参与越多，则喜欢起床的概率越大。

## 攻略 2：尊重性暂停

了解了大脑是如何管理情绪的，如果我们“掀开了大脑盖子”，处于情绪爆发中时，我们需要怎么做呢？最好的方式就是暂停，让大脑有机会重新获得活力。做以下这些事情会很有帮助：

- 深呼吸。
- 从 1 数到 10，再说出想说的话。
- 冷水洗脸。
- 回到房间把愤怒、痛苦写出来，写完放在抽屉里，三天后再决定要不要让对方知道。如果想让对方知道，最好在发出去前先自己读三遍，然后再决定要不要发出来。

我们提倡尊重性暂停而非惩罚性暂停。

惩罚性暂停是这样的：

- “站在这里不准动！”
- “给我好好想想你刚才错在哪里，给我站好！”
- “等你想明白了再来吃饭！”
- “你去房间里待着，好好反省你自己的问题！”

我曾询问过不同的孩子：“当爸爸妈妈让你站在那里反省时，你在想什么？”一个孩子说：“我在想他是亲爸吗，不仅这么凶，还不讲道理？”另一个孩子说：“妈妈像老巫婆，自己才该反省。”当孩子站在那里时，迫于父母的压力，人是站在那里，心里反思的都是父母的过错。父母越这样对孩子，孩子越顽皮。这类惩罚性、威胁性暂停不仅破坏亲子关系，长此以往还有极大的负面影响——孩子不愿意与父母交流，学会撒谎，加剧形成孩子屡教不改的坏习惯。

我们倡导的暂停是以维护孩子的自尊为前提的，关注问题的解决，称为“尊重性暂停”，目的是让大脑盖子合起来——大脑前额皮层可与杏仁核和脑干重新连接起来。当情绪爆发时，为了避免越来越坏，父母可以使用尊重性暂停话术：“我不会强迫你，我感觉很糟糕，需要冷静一会儿，等彼此感觉好的时候再来聊一聊。”尊重性暂停与惩罚性暂停不同，父母需要告诉孩子自己的感受，准备做什么，未来可能会做什么。这样做，父母不再说出伤害人的话，也不会做出更伤害彼此关系的行为，事情不会往越来越坏的方向发展，这是关注问题解决的思路。这与很多情绪管理中的离开现场、逃避和回避是不一样的。逃避或回避往往是把问题交给时间，情绪积累后会引起更大的爆发。尊重性暂停是关注问题的解决，是在错误中学习的情绪管理方法。

作为父母，要把这个攻略讲给孩子听（不是在情绪激烈时讲，而是在彼此情绪平和时讲），4 岁以上孩子大概可以理解。如果孩子年龄太小，还不能理解，父母可以教授其他简单的工具，如深呼吸、从 1 数到 10 等来管理自己的情绪。

## 攻略 3：无声提醒

与孩子约定，在彼此情绪失控前做一个动作来提醒对方，而非通过说话的方式，这个工具叫作“无声提醒”。

记得有一次，我上完课回家又累又饿，孩子已经提前吃完饭了。我吃饭的时候，他一会儿把我的拖鞋悄悄拿走，一会儿把贴纸贴在我衣服上……总之不让我好好吃饭。当时我有点生气地说：“你能让我好好吃饭吗？”孩子居然给我做了一个我们约定的动作——双手交叉于胸前，然后说：“妈妈要开始大声说话了。”这让我立刻意识到自己的情绪。无声提醒，让我们避免了互相伤害的吼叫。

无声提醒帮助很多妈妈养成新习惯，让自己越来越平和。在与孩子约定时请注意以下几点：

- 动作是孩子想出来的，而不是父母想出来的。如果动作是父母要求的话，那么约定几乎没有效果。
- 如果有两个孩子，动作会不同。父母不可为了方便记忆而要求孩子们用相同的动作。孩子是独一无二的，父母要记住孩子想出来的动作，两个孩子就是双份付出。如果孩子一致同意用一样的动作，那么自然也可行。
- 允许孩子在实施过程中调整动作，只要父母与孩子双方愿意并确认就好。

## 攻略 4：感受诚实

当我们意识到情绪即将失控时，使情绪不失控的方法是，诚实而尊重地说出自己真实的感受。如果是通过骂人、伤害和报复等方式，那么就不是“表达”情绪而是“宣泄”情绪了。如何用尊重对方的方式表达情绪呢？可以用以下特定的句式：“我感到……因为我注意到……我希望……”“我感到”后面是表达感受的词汇，如担心、难受或生气等，最好不要这样表达“我感到不舒服”“我感到不高兴”，可以调整为“我感到难受”“我感到伤心”。去掉“不”，直接表达自己的感受就好。“因为我注意到”后面应该描述事实或现状。比如，“因为我注意到你是晚上 12:30 才关的灯”。“我希望”后面应该关注问题的解决，用前面分享过的引导式提问这个攻略。比如，“我希望你想想怎样会有更充足的睡眠时间”。

### 挑战 8：不让涂指甲油不上学

笑笑妈妈分享了“不让涂指甲油不上学”的案例，后面的逆转让我印象深刻。

初春三月，笑笑妈妈好不容易搞定笑笑起床、吃饭，想着赶紧把孩子送到学校，开始做自己的事情。结果发现笑笑在房间不出来，不想去上学。

妈妈：“赶紧走，妈妈要上班了。”

笑笑：“不！不让涂指甲油就不上学！”

妈妈：“指甲油不好，不健康，你现在不能涂指甲油。”

笑笑：“我就要，我就要！你都涂指甲油。”

孩子的话直戳到妈妈心里，笑笑妈妈的确去做了指甲，孩子肯定觉得好奇。

妈妈："指甲油吃到肚子里会痛，我说不行就不行。"

笑笑妈妈一边说一边把指甲油收起来。接下来发生的事让笑笑妈记忆深刻，笑笑根本不在乎妈妈有多生气，而是从书包里拿出水彩笔，硬是在每个指甲上都涂好颜色，然后才去上学。

笑笑妈妈在课堂分享这个案例时恰好那节课介绍的是"感受诚实"这个工具。晚上，笑笑妈妈对笑笑说："笑笑，关于你涂指甲油的事情，妈妈只是感到担心，因为妈妈注意到指甲油吃到肚子里对身体不好，我希望你想想有什么办法可以让你既涂上指甲油也不会吃到肚子里去？"笑笑思考片刻说:"妈妈，把指甲油涂在脚指甲上吧，这样我就不会吃进肚子里。"那一刻笑笑妈妈被女儿的回应所感动，她拿出了指甲油，在孩子的脚指甲上涂上她喜欢的颜色。孩子开心地坐在床上，伸出稚嫩的双脚，认真地看着妈妈，心里别提有多开心了。

尊重而诚实地表达自己的感受，不仅自己内心舒畅，孩子也会一次次给予惊喜的回应。父母的反馈：这一工具运用在成人人际关系中同样有效果。所以，不必太担心孩子的年龄问题，鼓励父母在家里多运用这一工具。

**场景 1：**你很疲惫，可是孩子还是吵着要你陪。

不要做："你知不知道我上了四天课？你就不能体谅一下妈妈，自己先玩一会儿？"

感受诚实："妈妈感到有些疲惫，因为我注意到这是妈妈连续第四天上课了，我希望你想想有什么好主意既可以陪你还可以让妈妈休息。"

**场景 2：**早上上学就要迟到了，孩子还在那里拖延。

不要做："快点儿，每次都磨叽，这么早出门都会迟到，迟到你又哭。"

感受诚实："我感到有点儿担心，因为我注意到现在是7：30，你的早读就要开始了，我希望你想想有什么办法可以保证你准时到学校。"

**场景3：**孩子在约定的时间没有关电视。

不要做："每次到约定的时间你都不关电视，非要我大声说话你才满意！"

感受诚实："我感到有点儿生气，因为我注意到长针指到6是你关电视的时间，我希望你想想有什么办法可以让你准时关电视。"

**场景4：**你想跟先生商量一件事情，他也答应了跟你商量，但在你说话时先生专注于玩游戏。

不要做："我在跟你说话你知道吗？游戏有那么重要吗？你到底有没有听？"

感受诚实："我感到很难受，因为我注意到我在跟你说话的时候你在玩游戏，我希望我们一起想想有什么方法可以让彼此感觉到相互尊重。"

**场景5：**先生凌晨未归，你担心他熬夜伤身。

不要做："你知道现在几点了吗？！你还回不回这个家？打电话不接，天天在外面，以后别回家了。"

感受诚实："我感到有点儿担心，因为我注意到现在是凌晨2：00，你还在外面，我希望你可以想想怎样照顾好你自己。"

## 攻略5：有爱地拒绝

在养育孩子的过程中，很多情况下父母不得不跟孩子说"不可以"，但怎么说"不可以"很关键，因为一旦拒绝，亲子关系很容易恶化。父母需要遵循一个原则：即使答案是不可以，也要传递出对孩子的爱。典型的句式："宝贝，妈妈爱你，同时不能答应你。"

在现实中，当孩子与父母的价值观相左，或者孩子想做一件与家庭价值观不同的事情时，父母往往直接拒绝。

- "你一个女孩子，要在别人家住一晚上，这是绝对不可以的，你想都别想！"
- "我跟你说不行就是不行。别老来挑战我的底线。这件事件就是不—可—以！"
- "我跟你说过多少次了，你这个年龄不能去外面租房子。你觉得自己翅膀硬了，是不是？"
- "不想上学？！不想上学你能干什么？"

如果父母这样拒绝孩子，一点缓冲的余地都没有，孩子不会听父母的话，父母也不会同意孩子的请求，那么就彻底变成一盘"死棋"。如果孩子讲述的是一件超乎父母意料且较严重的事情，父母可以加上自己的感受："你吓到我了。妈妈爱你，同时不能答应你。你愿意跟我聊聊你的更多想法吗？"这样就会赢得与孩子沟通的机会，父母不必对孩子的决定立刻做出回应，了解孩子真实的需求，看看能否找到第三种解决方案。有爱地拒绝为父母和孩子之间提供了缓冲空间，特别是当孩子提出与父母价值观不同的想法时，往往触及家庭的底线，更需要有爱地拒绝。

幼儿园阶段的场景：

孩子："我不想去上幼儿园。"

妈妈："妈妈爱你，同时不能答应你。"

小学阶段的场景：

孩子："妈妈，我不想做作业，你帮我做作业。"

妈妈："妈妈爱你，同时不能答应你。"

青春期阶段的场景：

孩子："我要搬出去住，不想住家里。"

妈妈："妈妈爱你，同时不能答应你。"

父母这样的回应不一定能立刻解决问题，但不会让孩子情绪爆发，创造了父母和孩子可以坐下来好好沟通的机会。因为这个工具过于简单，所以大家很难相信其使用时的效果。在现实课堂进行情景模拟时，扮演孩子的志愿者分享："妈妈这样说时让孩子感受到爱与连接，同时感受到家长坚定的态度。孩子本来就是想探探底，知道什么可以做，什么不可以做。即使孩子特别想尝试，妈妈的回应也会让孩子有机会平和地讨论而非争吵。"

一位爸爸走进我的课堂学习了这个工具后，避免了婚姻危机。当时夫妻俩吵架，吵到要离婚的状态。妻子说："我要跟你离婚！"这位爸爸慌了，不知道该如何接话，想起课堂上学的攻略，他认真地说："老婆，我爱你，同时不能答应你。"事后他说："其实现场氛围很不搭，但效果出奇，避免了一场婚姻危机。"

## 攻略 6：拥抱

在情绪管理过程中，拥抱是最神奇的工具。简单一句话，"我需要一个拥抱”。这里是“需要”而非“来抱抱”或“我想要一个拥抱”。“需要一个拥抱”让孩子有价值感；“想要一个拥抱”更有操纵他人、不尊重他人的感觉；“来抱抱”仅仅是一种情感表达。

如果父母说“我需要一个拥抱”，孩子说“不，我不要”，这时父母可以再说一次“我需要一个拥抱”，但一般不会说三次。没有人可以强迫任何人，如果第三次还没有效果，可选择“尊重性暂停”攻略：“我不会勉强你，我很需要这个拥抱。我现在感觉很糟糕，我需要冷静一会儿才能跟你在一起。”然后冷静好了再跟孩子交流。

## 挑战 9：拥抱让孩子从情绪中走出来

当父母不小心把孩子亲手做的手工作品弄坏时，孩子通常会反应激烈，情绪爆发。我恰恰也遇到过这样的事情：我在打扫卫生时弄坏了孩子亲手为我做的礼物，孩子号啕大哭。

【试过的 ABC】

A. 家长：“我跟你道歉，都说对不起了，就不要哭了。”孩子哭声越来越大。

B. 家长：“我们再去买一个，买一个新的或者多买几个……”孩子哭声越来越大，孩子根本不知道父母在说什么，只是不停地哭。

C. 家长：“不要再哭了，再哭也回不来，哭也没有用。”

如果没有接纳孩子的感受，怎么说都效果甚微。在前面章节，我们分享过如何接纳孩子的感受，如果孩子情绪特别激烈，那么试试拥抱。

妈妈：“我猜你自己亲手做的礼物被人弄坏，你一定很伤心吧？”孩子居然点了一下头。

妈妈："如果是妈妈亲手做的作品被别人不小心弄坏，我也会伤心。"孩子哭声更大，我发现此刻做沟通不是时候，所以暂停了沟通。

妈妈："我看得出来你非常伤心，现在我们不适合沟通，等到你觉得好受一点的时候，妈妈再跟你说，好吗？妈妈需要一个拥抱。"

孩子："不，我不要！"

妈妈："妈妈很需要这个拥抱。"我把手伸出去。

孩子："不，我就是不要！"

妈妈："我不会强迫你，我感觉很糟糕，需要冷静一会儿。我真的很需要这个拥抱，当你准备好的时候，让妈妈知道。"

说完我去自己房间冷静，不一会儿，孩子来找我。

妈妈："我需要一个拥抱。"孩子居然点了一下头，然后就趴在我的肩头哭，我没有打扰他，只是轻轻地拍着他的背。我能感受到他的身体从僵硬到柔软。孩子哭声一会儿大，一会儿小，最后低声抽泣，大概持续了一分钟。

他带我来到他的小房间，拿着那个被压扁的黏土作品。我仍重复上面的话，认同他的感受，他也给我点头反馈。

妈妈："妈妈小时候也出现过这样的事情，第一次在学校里做了一件黏土作品带回家，外公以为是一团泥巴，就当作垃圾扔掉了，为此我特别伤心而大哭。"当我讲这个故事的时候，孩子居然笑了，他可能想原来妈妈小时候也会哭啊。

妈妈："是的，当自己心爱的作品被别人弄坏时，心里肯定难受，不过作品已经这样，我们现在该怎么办呢？”

孩子：“我们重新做一个，可是没有黏土了。”

妈妈：“重新做一个看起来很难，那怎么办呢？”

孩子：“我们修一下如何？”

于是我们一起修补作品。这件事得到圆满解决，孩子从情绪中走出来。

## 父母小行动，孩子大改变

EP 父母练一练

情绪管理工具在生活中的实践。

1. 当孩子情绪平和时，给孩子讲解大脑是如何运作的原理。

2. 与孩子约定的无声提醒的动作是什么？践行的效果如何？对你的情绪管理有什么帮助？

3. 写下你练习尊重而诚实地表达自己感受的案例，对你的情绪管理有什么帮助？

4. 尊重性暂停的标准话术是什么？

5. 践行拥抱的感受是什么？

## 2.3 孩子自我情绪管理的攻略

作为父母，我们已经学习了情绪管理的六大攻略，其实孩子的情绪管理方法大多是从父母那里学习的，父母管理好自己的情绪，就是在给孩子积极示范如何管理情绪。大多数妈妈给我反馈，不到一周，孩子就会用鼓励式教养的情绪管理方法跟自己沟通。父母是孩子的榜样，父母情绪平和，孩子自然情绪平和。以下两大攻略可以帮助孩子进行自我情绪管理。

### 攻略 7：5W+H

5W+H 这个工具帮助孩子建立属于自己的情绪冷却空间，在那里情绪得到疏解，待到情绪平和时，双方可以通过尊重而理性的方式解决问题。这个工具不是在孩子情绪爆发时建立的，而是需要提前帮助孩子建立情绪冷却空间。孩子情绪激动时，父母可以建议孩子去那里待一会儿，做自己喜欢做的事情。等人脑前额叶皮层开始工作，孩子恢复理性，具备解决问题的能力时再做沟通。

#### Where

“宝贝，妈妈也会有感到伤心、难受和生气的时候，当你感到伤心、难受和生气时，待在家里哪个地方会让你感觉好起来？”如果孩子说是自己的房间，父母可以继续问：“在房间的哪个角落呢？”建议这个空间位于某个区域而不是整个房间。孩子往往也喜欢狭小的空间。

What

“在那里可以放任何让你感觉好起来的物品，你希望放什么呢？”孩子说时，妈妈注意听，最好不要有评判和打断，唯一可以问的是“还有吗”，直到孩子说“没有”。找到刚刚说到的物品，如果没有现成的，那么与孩子一起制作或购买。

Which

“你想把这个放在哪里？”让孩子自己装饰已经选择的空间，孩子参与越多，就越喜欢自己的情绪冷却空间，父母尽量使用引导式提问法而不是代替孩子去做。

Who

邀请孩子给这个空间取一个自己喜欢的名字，名字很重要，鼓励孩子把写好的名字贴起来。

When

属于孩子独特的情绪冷却空间就这样建好了，父母要告诉孩子什么时候进去，什么时候出来。“当你感到伤心、难受或生气时，可以在这里待一会儿，做自己喜欢做的事情。直到你感觉良好时，就可以从你的情绪冷却空间出来了。”

一般情况下，情绪冷却空间的建立只需要5W就好。我们不建议一开始就使用“H”（How long），甚至很多时候父母也没有机会使用“H”。

孩子把iPad放进情绪冷却空间怎么办？如果父母按照5W流程实施，

原则上孩子不会把 iPad 放进去，大多数孩子会放毛绒玩具、书、小汽车、拼图、画画的用具等。如果孩子非要把 iPad 放进情绪冷却空间，作为家长，第一次选择信任孩子。孩子心情不好时去那里玩了 10 分钟，然后就自己出来了。父母可以问问自己："孩子这样的情况能接受吗？"我想很多时候是可以接受的。

但是，当孩子想玩 iPad 就去情绪冷却空间，空间变成孩子玩游戏的保护所时，我们就要使用"H"。比如，一天之内孩子多次说"妈妈，我很难受"，每次去情绪冷却空间就是玩游戏，而且很长时间不出来。这个时候父母需要跟孩子聊聊情绪冷却空间的作用，并商量是否要把 iPad 放进空间。此时就要用到"H"，父母和孩子要讨论以下问题：

- 每次使用情绪冷却空间多久？什么时候出来？
- iPad 是否要放进情绪冷却空间？
- 情绪冷却空间的作用是什么？

父母与孩子相互尊重地讨论，情绪冷却空间的旁边会贴一张"合约"，如果孩子无法履行"合约"，iPad 也就不再被允许放进情绪冷却空间。

虽然情绪冷却空间对孩子的情绪管理很有帮助，但事实上孩子不太愿意去情绪冷却空间。因为孩子精力充沛，难以安静下来。记得我的孩子在小学二至三年级时使用情绪冷却空间的频率较高，但每次也就 1~3 分钟，自己就会平静下来，从情绪冷却空间里出来。回想起来很好玩，他作业做不下去时，就去自己的平复床（情绪冷却空间的名字）上待一会，一般我不打扰他，没过多久，他自己又坐在书桌前继续做作业。

0~4 岁的孩子太小，有安全隐患，若管理不到位，孩子会认为父母遗弃自己了，所以不建议建立情绪冷却空间。

图 2-2 和图 2-3 是两个情绪冷却空间的实例。

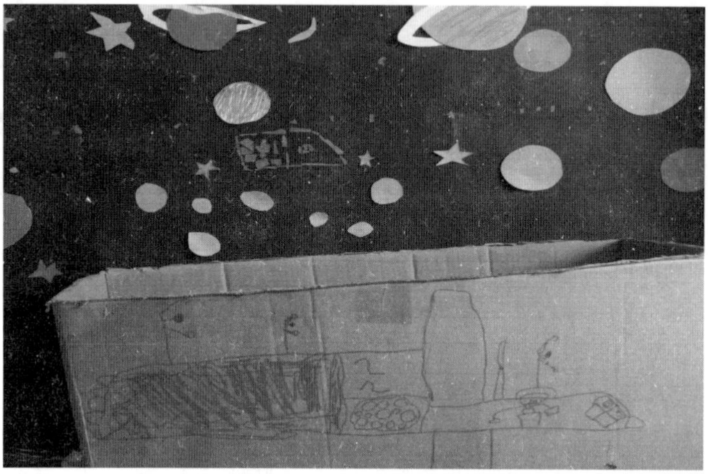

图 2-2　温州 6 岁哈哈的空间站

图 2-3　扬州 6 岁悠悠的能量作坊

## 攻略 8：情绪转盘

情绪转盘如同一个幸运大转盘，上面画着很多格子，格子上是孩子自己头脑风暴出来的让自己情绪平和的方法（见图 2-4）。

图 2-4　哈尔滨 8 岁然然的情绪转盘

第 1 步：问孩子："当你感到伤心、难受或生气时，做什么事情可以让自己感觉好起来？"

第 2 步：与孩子头脑风暴，说出可以做的事情，往往可以列一个长长的清单。父母要确保这些事情是有效且非负向的（如打妹妹的头这样的事情就是负向的）。

第 3 步：父母可以利用蛋糕餐盘或彩色纸，协助孩子把清单上的事情写或画上去，鼓励孩子自己做，用他想到的符号，也可以留一些空白，以便后续进行补充。

第 4 步：告诉孩子，如果感到伤心、难受或生气，可以在这里选一件事情去做，让自己平静下来。

在实际践行过程中，父母可以发挥想象力，不一定要用转盘，也可以用很多其他有趣的素材。在给三年级孩子讲解情绪管理时，我没有使用转盘，而是结合小时候我们玩过的一个叫“东南西北”的折纸游戏。用一张彩色的纸，折成一个“东南西北”，展开时最多有 16 个区间，可以把头脑风暴出来的让情绪平和的事情写上去（见图 2-5）。当孩子有情绪时，就可以使用，让自己平静下来。孩子非常喜欢，放在文具盒中，有趣还很实用。

图 2-5　成都巴金小学三年级孩子们制作的情绪转盘

## 2.4 情绪急救的攻略

我自己喜欢用“情绪管理”而不是“情绪控制”，因为“控制”就意味着压抑或发泄，而鼓励式教养倡导承认和接纳情绪。父母情绪爆发大多是因为不知道该怎么办，因此才通过发脾气来解决问题。没有哪对父母早上起床就想着要打孩子多少次，要骂孩子多少回，往往是在与孩子相处中，用尽一切自己想到的方法，但还未解决问题，情绪就爆发了。当父母冲着孩子咆哮时，也是内心最失控的时刻；当父母指责孩子什么都做不好时，也是在埋怨自己的无助。鼓励式教养中的情绪管理方法更注重事前预防，在情绪爆发前就把问题解决了，那么情绪爆发的机会自然就减少了。

学习情绪管理不是说再也不会发火。即使践行多年，也不代表我永远没有失控的时候，但有一点可以肯定，失控的频率越来越低。在万不得已情绪失控时，还有一个重新与孩子建立连接的工具——四步重链法。每次失控后，第一件要做的事情就是重新链接，这比什么都重要。

我记得在我小时候，常跟妹妹打架，每次妈妈都让我先给妹妹道歉。我来到妹妹面前说：“对不起，我错了！”妹妹常这样回应我：“没关系，我原谅你。”然后妈妈就去忙自己手上的活，我和妹妹也开始做自己的事情。那时，我完全不知道自己为什么道歉，妹妹也知道我还会继续欺负她。四步重链法让我们清楚为什么而道歉——为不尊重他人的行为而真诚道歉。

## 攻略 9：四步重链法

第 1 步：坦诚地承认错误。

“对不起，我错了。”（真诚地说）

第 2 步：勇敢地承担责任。

“我为刚才把作业本丢进垃圾桶而真诚地向你道歉。”

注意，这里重要的是为这个行为（把作业本丢进垃圾桶）而道歉，无论发生什么都不应该把孩子的作业本丢进垃圾桶，而不是人格层面的道歉，这是维护双方尊严的道歉，不会让父母感觉委屈或者自己是在妥协。道歉不是交警判罚交通事故，需要区分双方责任的多少。无论父母有多少责任，哪怕只有一点点，也要勇敢地承担。因为家不是用来讲道理的地方，而是讲爱的地方。

第 3 步：真诚地表达歉意。

“我为我做的事情向你道歉。”

第 4 步：尊重地解决问题。 双方尊重地沟通，下一次遇到类似问题时该如何来解决。选择双方都同意的方案。

四步重链法从某种意义上来说是亡羊补牢的工具，比什么都不做要好。如果父母情绪失控而没有去修复关系或抚慰孩子的情绪，带给孩子的将是惊恐、困扰或创伤，以至于长大后不知道如何管理自己的情绪，更不知道如何修复关系。这个攻略反过来的逻辑是不成立的：把修复当作情绪失控的一个理由，想发脾气就发，发完脾气后再链接一下就好。

为什么？现在，请你找出一张没有褶皱的白纸，每指责孩子一次，就把纸张揉皱一点。生活中父母常说这样的话：

- “你怎么这么笨，10 分钟的作业非做 1 小时！”
- “你到底要怎样？非要我大声说话你才满意？现在你满意了吧？”
- “你烦不烦？你就不能安静一会儿？被你没日没夜地折腾，你就不能体谅一下我？”
- “我都不知道上辈子欠了你什么，你这么来气我，真是气死我了！”

每说一句，就用力把纸揉皱一下，你是否发现刚才平滑的白纸慢慢变成了一个揉皱的纸球？每次指责和惩罚都会打击了孩子的自尊，不是让他越来越强大，而是让他越来越自卑，以至于把自己包裹起来。现在你意识到发生什么了吧？唯有温暖、抚慰的话才能把揉皱的纸球一点点展开。

- “对不起，妈妈刚刚犯了一个错误，我不该对你大吼大叫，应该告诉你我的感受，你对我来说如此重要，我需要一个拥抱。”
- “对不起，妈妈犯了一个错误，我不该把你的作业撕掉，我为对你不尊重而道歉，我们可以尊重地暂停一下，等我们感觉好的时候再来聊聊这件事情。”
- “对不起，妈妈犯了一个错误，我不该把你推开，我为对你的不尊重而道歉，我在想什么时候是我们的特殊时光？”
- “对不起，无论如何我都爱你。”

当父母说这些话时，把纸球一点点展开，最终会铺平整张白纸。这就是四步重链法的价值，父母情绪失控后及时抚慰孩子，至少在一定程度上可以修复亲子关系。但是，请注意，白纸上还留有刺眼的褶皱（见图 2-6）。

因此，父母情绪平和很重要，切记不可随意失控。生活中我们常把气话当真话信，把真话当坏话听，而我们想要拥有良好的亲子关系，就要在气话中听诉求，用真话来反思自己。作为父母，气话思量说，真话幽默或鼓励说。

图 2-6　平滑的白纸和揉皱后展开的白纸

## 攻略 10：三步走出罪恶感

作为父母，我们往往在情绪爆发后陷入深深的自责：

- “我恨死自己了，明明知道不可以骂孩子，还是没有忍住骂了他。”
- “我觉得自己在开倒车，这是我上完课两个月以来第一次爆发，我知道骂孩子不能解决问题。明明知道不能把孩子推开，可是我还是做了！”
- “我明明知道孩子一天不弹钢琴不会有什么问题，也不值得我这么做，可是我还是做了！”

道理谁都明白，只是在气头上时怎么也做不到，事后带来更多的痛苦和挣扎。我们深切地体悟过惩罚带给孩子的伤痛，但不知不觉就活成自己讨厌的样子。如果没有学习过或不了解，可能还不觉得对孩子大吼大叫是错误的。很多父母的痛苦源于明明知道这样做不对，却还偏偏这样做。如果把学习前犯错称为“无知者无罪”，那么学习后再犯错就是“明知故犯”！

记得成为亲子讲师后不久，我一边讲课一边带孩子。孩子写作文时，总是很无助地说：“这个作文题目太难，我不会。”在数次耐心地指导后，我大声说：“你到底要怎样才能写作文？！你自己很清楚作文是一定要写的，我跟你讲了那么久，这也不行，那也不行，你到底要怎样？难道非要我这样说话你才满意……”话还没有说完，孩子的眼泪就吧嗒吧嗒地掉下来了。当时我自己心里也很难受，特别恨自己，怎么就一股脑儿迸出了这些话。我学的、教的通通都不记得，似乎比不学之前还恐怖。孩子抽泣着说：“你还是一名老师，你还教学生……你去照照镜子，你看看你自己……”天哪，孩子居然知道哪里是我的痛点，一句“你还是一名老师”，深深地刺痛了我，不仅仅是刺痛，就好像在伤口上实实在在地又扎了一刀。我想不出更好的办法，于是说：“我现在就去照镜子，我照完你也去照照镜子。”

我去洗手间照了镜子。第一次在镜子面前看到自己余怒未消的脸。惨不忍睹！目光冷到让人颤抖，神情让人汗毛竖起，态度让人只想远离。（如果你想看看自己生气时的样子，那就在自己生气的时候赶紧去卫生间看看镜子中的自己，太可怕了！）等我回过神，我的心中充满了自责和内疚。

- 你明明知道不可以大吼。
- 你明明知道这只会让事情越来越糟。

- 你明明知道这不是有效的沟通方法！
- 你明明知道这对孩子成长不利！
- 你明明知道这解决不了问题，教不会孩子克服困难的方法！

用冷水洗了一把脸，我开始梳理自己的思路：我需要从自责和内疚中走出来，否则永远不会从错误中学习！

**第 1 步：请允许自己不完美！**

这样告诉自己：在孩子面前我只是一位妈妈，即使是一名亲子讲师，也不会是一位完美的、永远不会犯错误的妈妈！允许自己可以生气。（事情已经发生，只能如此自我安慰。）只是你要看见，在没有学习之前，大吼大叫甚至打孩子，你认为这是孩子理所当然应该接受的。现在不一样了，虽然看起来做了同样的事情，但是你很快就会觉察到自己的行为，努力让自己回到正确的轨道上。所以，学习是有价值的，只是还没有达到运用自如的阶段，而此刻就在不断地练习和提升中。

同时，也要看到孩子的不完美，孩子就算知道什么是对的，但不一定立刻能做到。孩子不是计算机，输入一个正确的指令，就会得出一个正确的答案。“知道”和“做到”之间是为人父母的我们要去努力的方向。

**第 2 步：请从错误中学习。**

我们需要重新认识错误，以前总认为错误是坏的，是要避免的，事实上错误是我们成长道路上的必备品，并且是成长中一定会遇到的。我们看待错误的不同态度决定了我们将过上怎样的生活。如果你认为“我太笨了！我太傻了！怎么做都做不好”，那么此时你就是被错误打倒了，把错误归结为“我不好，我这个人有问题”。你把错误看成自己人生道路上一定不可以出现的事情。世界上没有完美的人，觉察自己对错误的看法十分重要。

如果我们问自己“在这个错误中能学到什么”，转机就会出现。我们的孩子也是如此，他们只是在成长过程中遇到了一些挑战，是为成年后更好地承担人生任务而做准备。每个技能的习得都需要准备和练习，这时错误就会成为学习的最好机会。以下问题帮助你觉察错误并厘清思路。

- 当时你的感受是什么？
- 你是因为孩子的行为而生气吗？
- 你是因为孩子跟你顶嘴而生气吗？
- 你是因为孩子不听你的话而生气吗？
- 你是因为自己作为父母的权威受到孩子的挑战而生气吗？

在我的经验中，父母生气很多时候是因为孩子挑战了父母的权威。这时父母一定要问问自己：这到底正常还是不正常？孩子慢慢长大，自然会有自己的见地和做事方法。这些再正常不过，甚至父母应该有些小确幸，孩子开始有自己的看法，这难道不是培养判断力最好的机会？

**第 3 步：关注问题解决：此刻我做什么才能让这件事往好的方向发展？**

当我们发现自己情绪失控时，接下来最重要的是如何恢复关系和再次与孩子链接。当我们自己做错时，最需要真诚地向孩子说一声“对不起”，然后告诉孩子，自己大吼大叫的方式是不对的，因为没有尊重孩子，可以问问孩子，下次遇到这种情况，如何做彼此都能感受到尊重（四步重链法）。

随着对自己不断地觉察和自我鼓励，坚持练习，情绪会越来越平和。孩子也会从父母身上学到如何管理自己的情绪，情商会随之慢慢提高。

## 父母小行动，孩子大改变

EP 父母练一练

情绪管理工具在生活中的实践

1. 在孩子情绪平和时，与他一起建立一个情绪冷却空间。

2. 与孩子一起做一个情绪大转盘（或者“东南西北”）。

3. 记录你践行四步重链法的感悟。

# 第3章

# 培养孩子自信的七大攻略

# 3.1 鼓励孩子而非表扬孩子

鼓励，她一文不值，因为她就是一句话、一个眼神、一个行动、一个积极的回应。鼓励，她不可估价，因为当你面对困难时、身陷困境时、面临人生低谷时、遭遇险境时，唯有鼓励让你重燃希望，重拾信心，充满力量，发挥潜能。

——贝妈

孩子小的时候，多在父母“你真棒”“你真聪明”的声音中长大。上了幼儿园后，小奖状、小红花和小贴纸成为孩子重要的收藏品。上了小学后，传统教育用小笑脸、小喜报等方式来促成孩子完成任务，养成习惯。而后妈妈开始抱怨自己的孩子太娇气、胆小、抗压力弱、容易放弃，或者没得到第一就哭，没当上班干部也哭……这很可能是“表扬”惹的祸。

斯坦福大学教授卡罗尔·德韦克（Carol Dweck）博士在关于固定思维（Fixed Mindset）和成长思维（ Growth Mindset）[1] 的研究中证明，表扬对孩子有负面作用，因为它会让孩子成为“寻求认可上瘾者”，而不是帮助孩子增强自尊。德韦克同样也发现表扬会妨碍孩子承担风险。孩子在完成一个任务后被表扬很聪明，导致他在以后会选择更简单的任务，因为他们不再愿意冒险犯错。但是，因为付出了努力而被鼓励的孩子，会愿意选择更有挑战性的任务。

鼓励是指鼓劲和支持，表扬则是指对事或品行的显扬、宣扬。鼓励通

1 卡罗尔·德韦克.终生成长[M].楚祎楠，译.南昌：江西人民出版社，2017.

常针对过程和态度。例如："爸爸看到你这学期的努力，你该为你自己感到骄傲！"表扬通常针对结果和成效。例如："爸爸看到你成绩提高，为你高兴！"

在父母与孩子互动中多鼓励、少表扬，多描述、少评价，这样可以避免孩子被表扬"绑架"，输不起，为达目的而不择手段等现象。表扬就像糖果，偶尔吃吃是可以的，吃久了就会坏牙齿。个体心理学家德瑞克斯说："'鼓励'就像植物需要水，每天都需要。"

## 攻略 1：鼓励八句话

场景 1：孩子考试得到双百，父母可以怎么鼓励呢？

表扬："你得了双百，你该得到一个大大的奖励！"

鼓励："你付出了努力，你该得到它。"

在我们的思维中，孩子做到了，做好了，父母就要给奖励，偶尔一次很有成效，可是时间久了，负面效应就会显现。假如我们对自己的爱人说："如果你每天给我洗衣服，我就给你一个积分，等到月底可以换一个你的愿望。"你有什么感受？

一方面，如果爱人提供的奖励不是你想要的，是否未来再也不想洗衣服了？另一方面，如果奖励是你一直渴望的，那么在洗衣服的过程中你能享受到乐趣吗？显然不会。洗衣服本是家庭成员的义务，自己是家庭的一员，愿意为自己心爱的人付出。因为奖励的外在刺激，把家庭中很有爱的事情变成了家庭成员间的一种交易，不知不觉间温暖和爱不见了，责任也没有了，大家反而更关注奖励是什么。在家庭中，我们有很多种方式可以去实现自己的愿望或得到想要的东西，奖励恰恰是最不好的一种。如果你愿意交易，感觉自己失去了自尊，因为奖励者往往高高在上；如果你不愿意交易，那么失去了你想得到的东西。奖励的结局是双输，甚至会侵蚀良好、平等的夫妻关系。

亲子关系也是如此，父母在给予孩子奖励的时候一定要留意“奖励”的长期效果。父母常常说：“上完英语课给你买冰激凌，考100分给你买玩具，洗碗给你5元钱……”这些类似的做法用无形的外在刺激代替了孩子的内在动力。学习就会变成一项任务，而非孩子自己想学。

我的课堂来过一位爸爸，从一年级开始只要孩子考100分就给孩子买一个玩具。爸爸说：“一开始孩子很开心，奖励看起来非常有效。孩子为了得到玩具有一段时间非常努力，而且总考双百，我也兑现了诺言。可是到了三年级，同学有什么他就要买什么，单元测试考 100分他都会向我索要奖励。为了让他好好学习，我也不敢不兑现诺言。我之所以来到家长课堂，是因为孩子现在非要买苹果三件套。不买孩子就不上学。”

这样的事情也曾困扰着一所小学的老师：对一至三年级的学生，用积分或笑脸换一块橡皮、一把尺子、一个本子、一个铅笔等奖励很管用，对四至六年级的学生却不管用。相反，一句“你付出努力，你该得到它”，让孩子感受到“因为努力让我实现这个目标，努力才是我未来要去做的”。孩子会有一个信念，“如果我没有实现目标，可能是我还不够努力，还没有找到更好的方法”。这样，孩子的未来才会有更多的可能性。

场景 2：孩子在一次朗诵比赛中得了奖。

表扬："妈妈为你骄傲！"

鼓励："你该为你自己骄傲！"

两句话看起来差异很小，但前一句暗含的意思是这件事让家长感觉很有面子。那么这件事是谁做的呢？当然是孩子。"妈妈为你骄傲"这句话，无形中剥夺了孩子的成就感。"你该为你自己骄傲"，这句鼓励的话让孩子享受到通过自己的努力而有所收获的成就感。我曾问孩子喜欢哪句话，孩子说更喜欢妈妈说鼓励的话语。有妈妈告诉我，当这样鼓励孩子时，她从孩子的眼睛里看到一种发自内心的光。

场景 3：孩子画画画得非常好，字写得很漂亮！

表扬："你真棒，你真聪明！"

鼓励："你对此感觉如何？"

表扬的话语会让孩子感受到压力，为了获得表扬，孩子不愿再挑战难度高的事情，因为如果失败了，那就说明自己不聪明了。鼓励的话语会先询问孩子的感受，让孩子自己说说哪些地方做得好，哪些地方下次可以改进，这样的互动比表扬更能激励孩子。

场景 4：通过自己的努力，孩子掌握了如何系好鞋带。

表扬："我喜欢你做的。"（父母高高在上，孩子只做父母喜欢的事情。）

鼓励："你自己找到了解决问题的方法。"

孩子被深深地鼓励，整个解决问题的过程是自己想出来的，不仅增强了自信，还有一种“我能行”的自我肯定的感觉，孩子将越来越自信。

场景5：孩子做了一个正确的决定。

表扬：“你让我很高兴。”（随时留意妈妈的心情，做令妈妈高兴、喜欢的事情，越来越失去自我。）

鼓励：“相信你的判断。”（让孩子感受到满满的能量，勇于做自己。）

场景6：孩子不知道是参加考试还是参加同学生日聚会，最终决定参加考试。

表扬：“很棒，这就是我所希望的。”

鼓励：“你能决定什么对你来说是最好的。”

表扬，可能培养一个讨好者。孩子会察言观色，做什么会让父母高兴，不发脾气，甚至为了迎合父母，孩子往往把自己真实的想法咽到肚子里。小时候孩子不知道哪些是自己真实的诉求，孩子把父母的脸色、成人的脾气作为他做决定的依据。长大后，孩子会有一种感觉，“唯有他人认可我时，我才有价值”。自尊应该来自我们自己，而非他人的给予。表扬让孩子成为一个需要他人给予自尊的人，更重要的是孩子失去了内心的方向，很难做自己。

鼓励，让孩子自己去判断当下要做什么。无论孩子做哪种决定，都是在训练孩子的判断力。鼓励的价值在于用“经历”来教练孩子，而非用“说教”来训导孩子。父母的职责就是协助孩子讨论这个决定对自己有何影响，有何新的想法，下一次会怎么做决定。如果孩子从小就有这样的判断力，那么长大后父母就可以从容放手。

场景 7：孩子做错了一件事情，把杯子打碎了。

表扬："孩子你太棒了，把我们家杯子打碎了！"（肯定没有这样的家长！）这时候表扬无法派上用场，因为表扬不能用在孩子做错事情的时候。

鼓励："我相信你可以从错误中吸取教训。"

事情已经发生，责怪、惩罚都不能挽回。重要的是允许错误发生，把错误看作成功路上的必要经历，并讨论从错误中学习到了什么。只有这样，孩子才更愿意探索，更愿意尝试，而非怕犯错误而裹足不前，为了回避错误而尽量不做。

场景 8：孩子很自信，感觉自己无所不能。

表扬："你真是一个好孩子。"

只用在孩子做好的时候。这让孩子成为一个讨好者，寻求他人认可。

鼓励："不管怎样妈妈都爱你。"

这句话表达了父母对孩子无条件的爱。我记得第一次跟孩子说这句话时，孩子紧紧地抱住了我。也有妈妈跟我反馈，当孩子觉得不够好时，听完这句话孩子会松一口气，没有那么紧张了。

鼓励还适合孩子感觉自己总做不好事，对自己很失望的情形。一句"不管怎样都爱你"让孩子有勇气面对困难。

八个场景，八句鼓励的话，足见鼓励语言的精妙和力量。一开始说这些鼓励的话时会感觉别扭，刻意练习后就会越来越自然。新模式代替旧模式总会从不舒服开始。

## 攻略 2：鼓励三句型

**我注意到……**

这是陈述现状、描述事实的句式。有时仅仅描述事实，就能让孩子感受到被关注、被关心。

“我注意到你昨天晚上凌晨 3：00 才睡下。”

“我注意到从 7：00—9：00 你一直坐在电视机前。”

**我感谢……**

感谢型句式后面接具体的行为或细节。感谢往往让人感受到自己的价值，自己被他人看见。在家庭成员之间互相真诚致谢，可以让家庭氛围更积极。让孩子知道自己哪些行为帮助了他人。

“我感谢你帮我倒开水。”

“我感谢你的合作。”

**我相信……**

这是赋能型句式，往往赋予人力量，让对方充满信心，化不可能为可能。

刚刚开始练习鼓励时可以从以上八句话和三个句型开始。各地妈妈们发起的“鼓励孩子 21 天”的践行群都收获满满，孩子也越来越自信。更让我惊讶的是，很多学校的老师停止惩罚，放弃表扬，在写学生作业的评语时也使用鼓励的话。学生都说老师变得不一样了。有的妈妈说，表扬的话每次都是脱口而出，在这种情况下，我们应该允许自己有一个刻意练习的过程，如果你愿意在说完表扬的话后再加一句鼓励的话，孩子也会有不同的感受。慢慢地在生活中用鼓励代替表扬。

我在生活中与孩子刻意练习鼓励时，也会被孩子深深地鼓励。当我被鼓励时，我会感受到一股让我去探索、让我去尝试的无所畏惧的力量。

记得有一次我们打算自驾游，孩子兴奋得睡不着觉，第二天迫不及待地与我们一起去超市购买食物。一家三口进行不同的分工，购买自己认为在旅途中比较重要的食品及用品。果汁可以补充维生素，可是放在货架的最高处，我够不到，于是我说："恐怕需要爸爸的帮助才拿得到。"结果孩子说："我相信你可以拿到！"猛然间我发现，这不就是鼓励的运用吗？这句鼓励的话语在此时此刻是多么恰当，真的给予我很大的力量，尝试自己解决这个问题。

即使你未曾教过孩子什么是鼓励，但孩子会从父母的言行中学习什么是鼓励。随着练习的深入，鼓励渐渐成为我生活的一部分，大概一年后，我感受到了鼓励的价值。

孩子："妈妈，明天又是学英语又是学画画（考级集训），去哪个好呢？"（一般孩子这样问时，大部分家长可能就会做出判断——去画画，然后说考级只有一次机会，英语可以补课，类似种种。）

我："你想去哪个？"

孩子："我想去画画，因为画画是考级集训，我才四级，是最低级别，所以我想去画画，可是英语不去也不好，到底去哪个呢？"

我："我相信你能决定什么对你来说最重要。"

孩子："我想是画画吧。"

我："相信你的判断。"

孩子："那就这么办！"

现实中父母很容易为孩子做决定，但鼓励式教养不这样做，它更注重培养孩子解决问题的能力。有时仅仅需要倾听、尊重、鼓励……你会发现孩子本身具备解决问题的能力和判断的能力。请不要每天告诉孩子应该怎么做，更重要的是你自己是怎么做的。孩子自然会在你的身体力行中学习。鼓励不是要你教会孩子，而是孩子自我学习。你变了，孩子也就变了。

## 3.2 看见孩子的一小步

看见孩子，要去看见孩子往前的一小步，哪怕只是比昨天好一点点的一小步。

——贝妈

各地的妈妈们给我讲过很多自己的经历。

A妈妈："没有孩子之前，我是一家世界500强公司的人力资源总监，我深知自己是照顾孩子最好的人，于是主动成为一名全职太太。现在孩子读幼儿园大班，可是换了两个幼儿园，老师都说教不了这个孩子，让我们转园。"

B妈妈："现在孩子终于上一年级了，我最大的愿望是开始一场一个人的旅行。可能你们会觉得奇怪，怎么是一个人的旅行？自从孩子出生后，我就全职照顾孩子，我变着花样做孩子喜欢的早饭，在网上比拼最好的兴趣班，接送两个孩子上下学，陪她们做作业，成为家委会一员……过去的6 年，为了两个孩子，我没有夜生活，没有聚会，更没有一个人去旅行过。”

C 妈妈：“对于我来说没有人能依靠，虽然我在一家看起来不错的事业单位工作，但我的闲暇时光全部给了孩子，下班就是陪娃做作业、去兴趣班和做家务。等孩子睡着已经十点多，自己洗洗就睡觉了，哪有时间看书，每天生活、工作和孩子把我忙得团团转。老公也忙，很少管孩子，现在孩子成绩不好，老公说我连个孩子都带不好……”

妈妈们跟我说：“我把一切都给了孩子，努力成为最好的妈妈，可结果呢？孩子告诉我，不吃我做的饭，宁愿自己吃泡面；不想去学校上学。孩子还说我是老巫婆，是世界上最坏最坏的妈妈。现在，我不仅焦虑更尴尬，社会迭代太快，全职带孩子后与社会严重脱节，年龄越来越尴尬。孩子，我为你付出一切，但你依旧看不见我的好。孩子，我委屈自己，以为能成全最好的你，可我依然不是一个好妈妈。”

孩子们跟我说：“在课本中，妈妈是慈祥的、温暖的、鼓励的、和蔼的、微笑的、宽容的、有力量的、有爱的。可是我的妈妈大嗓门、冷冷的、气馁的、凶巴巴的、挑剔的、严厉的、大吼大叫的、动不动就威胁不让睡觉不让吃饭的，说起话来没完没了，而且每天翻来覆去都是那几句：‘作业做完了吗？牙刷了吗？还在看电视！还不去睡觉！明天又起不来！怎么又考 80 分？！”

在家里，父母常用排比句，一旦开口，永远没有句号。这样的情况大多是父母对孩子的期望太高，高期望本身不是问题，问题在于实现高期望的过程，父母希望一步到位。总觉得从60分到61分不是进步，80分都不值得鼓励，考试门门100分才值得鼓励；总觉得一个以前两周不洗澡的孩子，现在一周愿意洗两次澡，但依旧是不爱干净的孩子，父母继续批评、指责，因为天天洗澡才是父母的目标。父母要真正看见孩子的不同，哪怕只是很小的不同。

## 攻略3：看见一小步

鼓励的核心原则：放弃一步到位的思想，在生活中“看见孩子”！个体心理学认为，人类的两个基本需求是价值感和归属感，孩子也是如此。因为孩子在与成人比较时有天生的自卑感（不如成人能干，不如成人有力量，不如成人灵活，不如成人高等），所以孩子无时无刻不在向成人证明“我是重要的，我是能干的，我是有价值的”。

我亲眼见过的一幕：在回家的路上，一对夫妻带着一个约4岁的孩子，快到小区门口时，孩子要到了钥匙，然后费力地举着钥匙，碰到门禁，“嘎吱”门开了。这是一件小事，特别是对父母来讲，这个行为小到不值得一提。但对于这个年龄的孩子，完成这样一个动作是成长中很重要的一步，对孩子来说有很多意义：

- “我可以帮助父母做事情！”（潜台词：在家里我虽小，但我也是有用的。）
- “这个有难度，但我要坚持做到！”（潜台词：我很清楚我的目标是什么，我很努力，重要的是我没有放弃，实现了目标。）
- “我能实现目标。”（潜台词：我能行，我是有用的。）

孩子打开门后对爸爸说："爸爸，我把门打开了！"语气中带着自豪，可惜父母没有丝毫反应。这时如果父母能鼓励孩子，将帮助孩子培养不怕困难、不放弃、自信等品质。我们大多错过了这些时刻，长大了却又抱怨孩子软弱、遇到困难就放弃。如果父母说："宝贝，你通过努力做到了！看到自己通过努力碰到门禁，你感觉如何？"我猜孩子将乐意跟父母分享，他是如何想方设法做到的，他如何没有放弃，终于完成这个艰巨的任务。如果我们看到孩子在生活中的这些小努力、小进步并鼓励他，那么孩子会学到什么呢？

- 孩子会害怕困难吗？不，他从自己的经历中学习到，如何找到方法，坚持去做，实现自己的小目标。
- 孩子会胆小吗？不，他从自己的经历中学习到，自己喜欢探索，对自己有信心。
- 孩子会退缩吗？不，他从自己的经历中学习到，多试试会有很大不同。

我们做一个案例练习，也许你会感觉不可思议，当你看见孩子的一小步时，事情才会有转机。一位老师曾问我："一个抄别人作业的孩子还值得鼓励吗？"我回答："即使一个抄别人作业的孩子也是值得鼓励的。至少这个孩子还不是无药可救，无可救药的孩子压根儿不在乎做不做作业，完不完成作业，所以还不算最坏。"如果我们没有"看见孩子"这个出发点，父母走进孩子的心可谓举步维艰，更没有机会把真知灼见教给孩子。

看见孩子的话语："你抄作业是为了能够按时完成作业，老师猜你还是很期望完成作业的。你愿意跟老师说说，关于这次作业你是怎么想的吗？”（我相信当你放弃惩罚、指责时，孩子是很愿意跟你说出真相的。）

孩子可能有以下几种回答：

- “太难了，我不会！”（老师可以问：“如果不会做应该怎么办？”教会孩子不会做时有什么方法去应对。）
- “我没有时间完成！”（老师可以问：“你从这件事情中学到了什么？未来可以怎样分配你的时间？”教会孩子时间管理的技能。）
- “我不愿意做作业！”（老师可以问：“一次不做作业是可以的，那你想想，如果你每次都不做作业会怎样？你愿意自己永远这样吗？”帮助孩子思考这件事情可能产生的结果。）

无论孩子怎么说，只要你走进孩子的心，每个错误背后都是孩子新的技能、品格的学习和养成。这不仅对老师有用，对父母也同样有用。

生活中有太多这样的现象，放弃一步到位的思想，在生活中要“看见孩子”！不是要孩子做出惊天动地的事情才去看见，而是去看见孩子往前的一小步，哪怕只是比昨天好一点点的一小步。

## 3.3 如何精准鼓励

鼓励可在日常生活中通过八句话和三句型两个攻略进行练习，但鼓励不是只有这么简单。阿德勒说："鼓励是个体心理学的信仰。"在阿德勒个体心理学的心理治疗中，能让来访者重燃对生活的信心，运用的是精准鼓励。《从个体到群体》[1] 一书的作者认为，鼓励是一门很精致的艺术，需要知道做什么，何时做，何时撤离。理想上鼓励是妈妈的任务，当妈妈不管什么原因没有这样做的时候，就往往成为治疗师的任务。那个时候可能会难得多。

### 小步前进、大胆尝试是关键

很多人对自己失望是因为没有达到预期，因此感到沮丧。事实上让人们去打破那些从四五岁就开始训练、强化并反复使用的人生信条，是一个艰难的过程。对于鼓励而言，只要比昨天进步一点点就好，保持在克服困难的道路上向前移动就好。我们不需要全部打破，只是先腾出一点点空间来试试。这就是我们所说的小步前进。

一位妈妈对我说，自己的孩子今年 10 岁，最大的问题就是不喜欢洗澡。妈妈很难接受孩子的这个习惯，一旦孩子不洗澡，妈妈就唠叨，孩子就开始抗争，为此家里发生过不少争吵。孩子不是故意要对抗父母，往往自己也没有意识到自己的行为。对于孩子来说，很多时候并不是真正抗拒

1　亨利 • 史丹 . 从个体到群体：古典阿德勒学派深层心理治疗入门 [M]. 台北：张老师文化事业股份有限公司，2017.

洗澡这件事，而是通过拒绝洗澡来对抗父母，显示自己可以做主的力量。

为了解决这个问题，孩子妈妈来求助我。我听完孩子妈妈的分享，我猜主要问题在于孩子妈妈期望孩子天天洗澡，孩子说做不到。我跟她分享了“看见一小步”这一工具，孩子妈妈回去跟孩子尊重地沟通，最后的方案是，孩子一周洗两次澡：周日晚上和周三晚上。孩子妈妈说：“想想也是，从每周一次都不洗或哭着洗，到现在愿意一周洗两次，这就是一小步前进。我相信随着我的鼓励，等到夏天，洗澡这件事可能会有更好的进展。”

平时父母与孩子沟通失败或进行不下去，往往是因为父母期望孩子从不洗转变到每天都洗，或者至少两天洗一次。这样跟孩子沟通很难达到预期，常常不欢而散。沟通中父母要看见孩子的变化和一小步的前进，而非仅仅是一大步。这就是鼓励的第一步——小步前进。

陶陶妈妈跟我分享了如何让陶陶独自入睡的案例，也是使用小步前进的鼓励方法。陶陶第一次独自入睡时，妈妈告诉孩子，2 分钟后会回来陪他，在 2 分钟时她就回去陪孩子。过了一段时间孩子可以等待 5 分钟时，妈妈告诉孩子，自己会在 10 分钟后回来。等孩子可以等待 15 分钟时，妈妈告诉孩子，自己会在20分钟后回来。陶陶慢慢地养成了独自入睡的习惯。

为什么在与孩子分床睡时通常会失败呢？因为整个过程往往是这样的，孩子过 6 岁生日，爸爸妈妈为孩子举行了一个重要的仪式并告诉他：“今天你 6 岁了，已经长大，你要一个人睡觉了。”如果是这样，不出所料，孩子肯定会哭。鼓励需要我们一点一点地开始，小步前进。

鼓励一定要等孩子愿意才行，千万不可使劲地鼓励，用力过猛反而会让孩子沮丧。有时候鼓励还需要耐心，特别是当父母觉得孩子已经准备好而孩子自己还未准备好时。我们常常遇到的情况：父母鼓励孩子给大家表演一个节目，并且可能是孩子平时在家里表演得很熟练的节目。如果孩子不愿意，那么千万别太勉强。父母可以这样鼓励："等你准备好了再去，无论你去还是不去，对我来讲你都是独一无二的妈妈的宝贝。"有时候孩子可能会迈出自己的一小步，他也不确定自己是否准备好，但愿意去尝试。

有时孩子不喜欢做家务，明明约定要洗碗，但临时不想洗。如果父母提醒后孩子愿意去洗，但有点儿小情绪，此时父母可以这样鼓励孩子："宝贝，祝贺你今天学到了人生中很重要的一课——即使自己不情愿，你也愿意去尝试。这是人生的一门必修课。在成长的过程中，很多事情不会按照我们的意愿，想干就干，不想干就不干，有些是责任，必须干。不是谁强迫谁，而是我们真正学会了，什么是尊重自己，什么是尊重他人。我们要去真正地权衡，更要清晰领悟"责任"意味着什么。"

### "神入"他人才能做到精准鼓励

事实上不仅孩子需要鼓励，每个人在每个节点都需要鼓励，哪怕一点点进步。体会对方的感受、对方的情绪，阿德勒将这个过程叫作"神入"——用他的眼睛去看，用他的耳朵去听，用他的心去感受。参加我的讲师认证班的讲师们每个月都有固定的辅导时间，我辅导时回答讲师们在实践当中遇到的问题。其中一位讲师说了这样一个问题：她的朋友的儿子 12 岁了，每天还习惯妈妈给他穿衣服。这位讲师表示这样不利于孩子自理能力的培养。但孩子妈妈说："不会的，他一个人出去参加露营，也能把自己照顾得很好，而且我很享受这样照顾他。"这位讲师说："既然你们双方都很享受，那这样也很好。”但这位讲师总觉得这个回答弱弱的，不知道如何做出鼓励性回应。

怎样用鼓励的方式来回应这个问题？首先要试着“神入”孩子妈妈的角色，用同理心来倾听、观察妈妈到底是怎样的感受。用同理心来倾听也是一种鼓励，让对方有一种被肯定、被理解的感觉。我们可以这样说：“我也是一位妈妈，特别能体会到，孩子从那么小一点一点地长到 12 岁，作为妈妈要付出多少。想起小时候给他穿衣服的那一刻似乎就在眼前，每次在给孩子穿衣服时，更多的是一种不舍，但我们也知道孩子一定会长大，甚至会离开我们，12 岁是一个很特别的年龄。那么用心地照顾孩子，我猜你一定对孩子有很多期望，你是否想过期望孩子未来成为一个什么样的人？如果要成为这样的一个人，又要具备哪些品质和哪些技能呢？这些品质和技能，孩子小时候要从哪里才能学会和训练呢？”

这里没有标准答案，我想不用去教这个妈妈什么，妈妈可以觉察到自己要怎么做，怎么跟孩子相处。只有妈妈对孩子无限的不舍和依恋被理解和接纳时，我们教妈妈的方法才会有用。虽然我个人并不建议在青春期时还帮孩子穿衣服，但我们需要去感受妈妈的那份不舍和依恋，只有接受妈妈的感受，她方可迈出自己的一小步，这就是鼓励。很多妈妈在孩子长大的过程中甚至有失落感，孩子越大对父母的依恋越少。每对父母都期望不要与孩子分离，但孩子的生命任务是成为一个独立的自己。唯有爱与鼓励可以相伴孩子成长。

在我开设的家长课堂中，课后我会跟进所学在日常生活中的践行，家长普遍喜欢跟我聊天，我在聊天中运用的依旧是鼓励的方法。刚刚学完课程的时候，妈妈们总在群里抱怨，明明知道要用学习过的工具，可还是吼了孩子，内心很后悔。我常常这样回应："我们在刚刚开始练习时总会有这样的困扰。传统的教育方式经过了无数次训练和重复，已经根深蒂固了，自然改变起来没有那么容易，改变是一个过程而非一个结果。大家有没有发现，在没有学习之前，你认为对孩子大吼大叫是理所当然的，而在学完之后，你们觉察到这种方式是不对的，而且还有更好的解决方案？只是你们还不熟练，还需要多加练习，更何况现在我还在群里陪伴着大家践行。"我无数次地把这段话分享给了无数个上过我课程的父母。

鼓励可以更好地体谅他人、原谅自己。即便现在运用鼓励还没有那么得心应手，但你终究行进在追求知行合一的道路上。"面对不完美的勇气"是我常说的一句话，"不完美的勇气"的字面意思是，每个人都有缺点，都会犯错误，我们要有勇气正视自己不会把每件事情做到完美，我们要大胆尝试，而不是逃避困难。阿德勒也曾说："如果一个男人带着丝毫不减的勇气生活，他绝对不会回避工作、友谊或爱情的问题。当然，他会犯错，我们每个人都在错误中学习，但是他的错误会很小，也不会再犯同样的错误。最高勇气的表现之一就是接受不完美的勇气，承受失败风险和承担错误结果的勇气。"阿德勒原文中的勇气是鼓励我们去开始、去行动，而不是将不完美作为失败后安慰自己的借口，好让自己心安理得。

无论是鼓励孩子、家人还是陌生人，都传递着勇气和温暖的力量。鼓励，她一文不值，因为她就是一句话、一个眼神、一个行动、一个积极的回应。鼓励，她不可估价，因为当你面对困难时、身陷困境时、面临人生低谷时、遭遇险境时，唯有鼓励让你重燃希望，重拾信心，充满力量，发挥潜能。从今天开始成为一个鼓励自己和他人的人吧。如果你愿意，试试每天都去鼓励一个人，看看你的生活会有怎样的变化。当然千万别忘记好好鼓励你自己，你自己才是最值得被鼓励的那个人。现在你愿意想一句鼓励的话，鼓励这个一直陪伴多年的自己吗?

## 父母小行动，孩子大改变

EP父母练一练

1. 当自己想放弃，坚持不下去的时候，你愿意用哪句话来鼓励自己，让自己可以拥有勇气，再次出发？

2. 写下你鼓励孩子、鼓励先生的话，鼓励家人21天打卡训练营（可加入各个城市父母阅读本书后的鼓励打卡微信群），看看你的孩子、你的先生有什么变化？你自己有什么变化？

3. 如何看见孩子的一小步？

A. 起床的时候，你嫌弃孩子扣扣子太慢，你替孩子扣好了扣子，孩子大哭，非要自己扣扣子。

B. 喝水的时候，你替孩子拧开瓶盖，孩子大哭，非要自己重新拧开一次才喝。

C. 吃饭的时候，你把孩子放在小桌子前吃，孩子却非要像大人一样坐在餐桌旁，而且不肯用自己的小碗、小勺子，非要用大人一样的碗筷。

# 3.4 鼓励意味着相信孩子

## 攻略 4：相信孩子

每朵花都有自己的花期，每个孩子都有自己的成长节拍。父母要帮助孩子去掉所有的负面标签。

在孩子 10 个月大的时候，我带他去医院做常规体检。因为孩子坐不直，医生给出这样的结论：运动滞后，智力中等偏下。当时我很着急，告诉先生后大哭了一场，因为很难想象自己孩子的智力中等偏下。难道坐不直就是运动滞后？后来才知道，因为孩子早产一个多月，婴儿时期的前几个月，哪怕差别几天，孩子能力的差异都很大，不可以用一刀切的数据和量表来测量孩子的发育和发展。另外，平时生活中我没有意识到要训练孩子的这些能力。

我那时养育孩子有很多误区，以为爱孩子就好，却不知该如何爱，也不知从何开始。我一直怀疑医院的测评结果，孩子怎么可能智力中等偏下？我阅读大量书籍后，配合一些练习，孩子很快就熟悉了动作要领。后期我们再也没有做类似的测评，哪怕医院要求做，我也没有去做。因为过多的测评带来的只是更多的情绪紧张。这些测评如同标签一样贴在孩子身上。若不是我心中坚定地认为我的孩子是正常的，哪有孩子现在健康的样子。如果我一直认定孩子运动滞后，智力中等偏下，不知现在会怎样。

负面标签带给孩子的影响是什么？孩子会在父母的言语中、表情中、互动中捕捉到“我不好！我不行！我不能”这样的信念。而这样的信念一旦形成，跟随孩子一生，除非有心理疗愈，否则很难改变。

这是否意味着正面标签就是好的呢？“你是我们家最聪明的那个孩子。”“你是最爱干净的孩子。”“你总是让着妹妹，你是一个好孩子！”听到这样的正面标签，你有什么样的感受？很多孩子告诉我这让他们备感压力，万一做不好，是否一切就不再属于自己？

一位妈妈给我讲过一件令人记忆深刻的事：自己的女儿很可爱，像芭比娃娃一样可人，作文写得好，舞蹈跳得好，成绩也数一数二。结果在考初中时，成绩在数百名之外。妈妈觉得完全接受不了，怎么会这样？在跟孩子沟通时，孩子说：“妈妈，我觉得很好，现在我在初中不必考第一，也不会每次都让我去分享。”妈妈一句话都说不出来。

正面标签也会给予孩子很大压力。

无论是负面还是正面，都不建议给孩子贴标签，因为一旦给孩子贴了标签，孩子就会往标签上套，限制了其他的可能性。很多时候，你给孩子贴了什么样的标签，孩子真的会让你“心想事成”。撕掉标签意味着真正地接纳孩子本来的样子，也许不完美，但他就是那个让你有喜有悲的孩子。允许他不完美，允许他犯错，允许他一点点学习。

撕掉标签也意味着要相信你自己，更要相信每个孩子都是独一无二的。每个人都有自己成长的节拍，孩子和我们节拍不同，不同并不代表演奏不出和谐的旋律。请相信相信的力量，相信是一个工具，一个很重要的工具。

## 攻略 5：有限选择

如果孩子比较小，还想不出更多的解决方案，有限选择是一个很好的工具。这个工具让我们与孩子分享权力，让孩子拥有一种“我可以决定”的感觉。

**注意事项：**

（1）有限选择适合年龄小的孩子。例如，孩子不喜欢刷牙，妈妈可以问：“你是想妈妈陪着你刷牙还是爸爸陪着你刷牙？”“你希望用苹果味的牙膏还是橘子味的牙膏？”

（2）选项要有效。例如，孩子不想上幼儿园，妈妈如果问“你是想今天去还是明天去”，孩子肯定回答“明天”。这就是无效的选项。以下是可参考的方式：

- “你期望妈妈是开车送你还是骑车送你？”
- “你期望是爸爸送还是妈妈送？”

### 挑战 10：如何让孩子爱上兴趣班

有一次我带孩子去上英语兴趣班，我们一起下楼时孩子问：“妈妈，你要去哪里？怎么从这边走？”我没有意识到自己改变了以前的路线。我说：“去英语兴趣班，你有什么好建议？”他说：“你平时都是从右手边那条路走的。”

接下来每走到一个路口，我就问："你想从哪边走？" 他若有所思地说："从这边走。" 我问："你想走快点还是走慢点？" 他说："快点。" 我问："你来告诉我现在从哪边过去？" 一路上我们两个有说有笑，到兴趣班楼下时孩子说："妈妈，下次来上课你也这样问我啊。"

我突然觉察到，原来孩子喜欢自己做主，原来孩子喜欢带领我走路，原来孩子喜欢被尊重的感觉，原来这样孩子可以表现得更好。事实上，很多时候我经常拖着他去上兴趣班，而他总是慢腾腾地走。这么小小的一个改变，却让彼此相处变得如此和谐，再也没有"快点，快点，马上要迟到了"的催促。

鼓励式教养的工具就是这么有效，但凡你尝试了，实践了，孩子一定会有变化。孩子所需要的真的不多，仅仅是作为家长的我们自身的一点点改变。

## 攻略 6：头脑风暴

头脑风暴就是每个人想出尽可能多的解决方案，参与讨论的人一个一个地说，当有人说时，他人不可以评论。总体原则是只求数量不求质量，再夸张、荒唐的方案只要有人说出来就要记录下来。

### 挑战 11：生日聚会一起抢东西怎么办

在小学阶段，每个孩子都有机会受同学的邀请参加生日聚会或别的庆祝会。聚会意味着不是一个孩子而是多个年龄差不多的孩子在一起，孩子自然把聚会当作生命中美好的时光。

有一次我带孩子出席他同学的生日聚会，聚会上出现了一个制作棉花糖的机器。面对聚会上的新玩意儿，九个孩子一拥而上，十分好奇。机器刚刚生产出一点棉花糖，就被好几个孩子哄抢。现场一片混乱，好多孩子抱怨自己没有吃到，人人都拿着小棍子在里面倒腾，外圈的小朋友还努力地往里面挤，期望自己也能尝尝这好吃的棉花糖。这时候的孩子们早已将家里和学校里教的规矩抛到九霄云外了，心中的情绪一点点冒出来。

我好不容易靠近机器，谢天谢地，在混乱中居然有一个孩子听到了我的声音，帮我把机器关了。我对她说："谢谢你的帮助。"因为机器突然停了，大家都愣住了并安静下来，我说："大家一定都很想尝尝棉花糖的味道吧？我们一起来想想怎样有秩序地让每个人都尝到棉花糖的味道，做到每次只有一根小木棍在里面？"

孩子们一下子活跃起来，叽叽喳喳地议论。我说："大家如此积极思考，有那么多好主意，可惜大家一起说，听不清楚。我们一个一个地说，你先来，然后是你，可以吗？"

"我们来排队。"

"谁第一个呢？"

"我第一个，我第一个。"

"我们猜拳。"

"让今天的寿星来排序吧。"

最后他们一致同意让过生日的孩子来排序，确定谁第一个尝棉花糖。不到一分钟，他们排好序。于是刚才负责关掉机器的孩子再次启动机器。此刻，每个孩子拿着一根小木棍，兴奋地排队等待，一个一个有序地进行，效率也很高，没有人插队，更没有人抱怨。

我注意到一个小细节，过生日的孩子并没有把自己排在第一个，而是最后一个。第一个取棉花糖的孩子只取了拳头那么大的棉花糖，就让第二个小朋友接力，并且主动离开了机器，腾出空间，没有人争，更没有人抢，也没有人想要更多。这个结果或许比我们大人预设得更好，整个过程很和谐，每个孩子都尝到了棉花糖，都拿走自己满意但在我看来量很少的那一份棉花糖。家长们都感慨，孩子们居然自己就把这个难题解决了，做到在场每个孩子都满意。

这就是头脑风暴的力量，遇到问题并非大人来主持公道，而是把问题交给孩子们，尝试着让孩子们自己来解决问题。平时我们在家里做决定时，父母可以邀请孩子参与，每个人都想一个办法（无须完美），然后把所有能想到的办法都写出来，选择其中所有人都同意的办法来试试，看看结果会有什么不同。这个攻略几乎可以应用在任何场景中，只要有问题需要解决，父母都可以用这个办法。

## 攻略 7：训练孩子

加拿大的亲子专家谢弗尔认为，训练孩子就是在孩子未掌握技能之前，父母需要花很多时间把技能教给孩子。孩子小的时候，父母花的时间越多，当孩子长大时，父母就越省力（见图 3-1）。孩子已经从生活中学习到众多独立生活的能力，父母可以放心地放手。

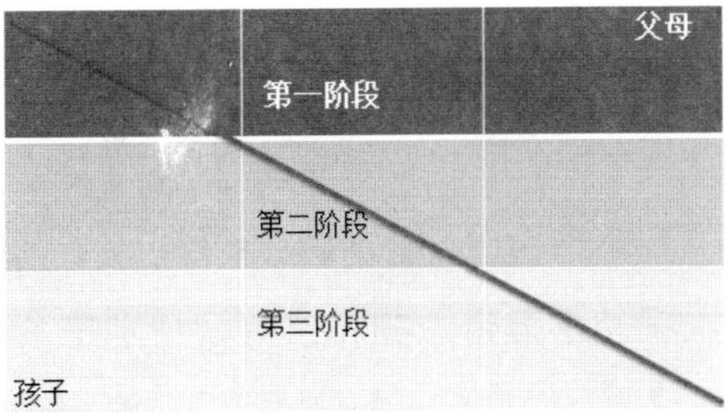


图 3-1　花时间训练孩子的阶段

生活中，父母大多觉得孩子本来就该会很多技能，如应该会扣纽扣，应该细心等。其实，父母不教如何做到的方法而只是告诉一个概念或一个目标，孩子是无法做到的。例如，孩子做作业时，父母千叮咛万嘱咐，要仔细、仔细、再仔细，可是孩子依旧做不到。问题在于“仔细”是态度，孩子也想仔细，可是他不知道方法，也不知道做到仔细的步骤。父母要训练孩子做到仔细的步骤，而不只是说“要仔细”。如何训练孩子某个技能大概需要以下四步。

第一步，父母做，孩子看，一边说一边演示。父母首先要了解如何把一件事情拆解成几步，然后给孩子演示。

第二步，父母说，然后和孩子一起做。父母说一步，孩子和父母一起做一步。

第三步，单独让孩子操作，父母在旁边看。

第四步，等孩子准备好了，鼓励孩子去尝试。注意不是立刻做，而是等孩子准备好，再鼓励孩子去尝试。

这四个步骤只教一次是不够的，需要父母反复地教授孩子，直到孩子熟练掌握技能才能结束。先从简单的技能开始教授，而非一开始就教授复杂的技能。如果一定要教授复杂的技能，可以先分解成几个小模块，先一个模块一个模块地教授，等把所有模块教会后，那么复杂的技能也就学会了。不同年龄的孩子训练的内容也不同。一般孩子年龄越小，训练的时间会越长。例如，穿衣服、系鞋带、扣扣子等，特别是系鞋带和扣扣子是比较精细的手部动作，父母教时需要更多的耐心，给孩子更多的时间练习。当孩子生活能够自理时，父母要鼓励孩子多参与家务劳动，训练孩子做饭、炒菜等稍微复杂的事情。帮助孩子拓展社会情怀，孩子会感受到“我不仅生活可自理，还能帮助家里人”。

# 第 4 章

# 尊重孩子自然成长规律的四大攻略

# 4.1 尊重孩子的自然成长规律

## 攻略 1：了解孩子大脑发育的过程

有时父母很费解，为何看起来很小的一件事情，孩子就是做不到？例如，在家时端端正正地坐在桌子前吃饭；在学校时管理好自己的行为；面对巧克力时忍住不吃；不情绪化……父母真的错怪孩子了，不是孩子不想做，而是孩子的大脑还没有发育成熟，在某个阶段只能做那个阶段做得到的事情。只有家长了解孩子大脑发育的过程，才能有效地训练孩子做到大人看起来很小的事情。孩子成长规律中出现的叛逆或对抗，对孩子成长不一定是负面的，恰恰是孩子自然成长过程中重要的任务，如同破茧成蝶，阵痛不一定是坏事。

有一次我去旅行，坐酒店的观光车，一个 3 岁左右的小女孩非要一个人单独坐在父母的对面。

妈妈："坐到爸爸妈妈中间来。"

孩子："我就要坐这里。"

妈妈："那里靠门边，很危险。"

孩子："我自己能抓住把手。"

妈妈："那么多人要上车，你要给叔叔阿姨让座。"

孩子："这里有位子。"孩子把身体靠近门边说。

妈妈露出无奈的表情，这孩子怎么这么倔强呢？

结合大脑发育过程，孩子大概会出现三个比较明显的叛逆期：第一个阶段是 2 岁前后，第二阶段是 8 ~ 9 岁，第三个阶段就是青春期。不管是 2 岁的麻烦期还是叛逆的青春期都是孩子成长中很自然的部分。父母了解孩子自然成长的规律，就能更好地理解孩子。

俗话说“3 岁看大，7 岁看老”。结合脑科学，似乎有一定道理。图 4-1 显示，孩子在 0~2 岁时，是大脑发育最快的时候，3 岁后逐渐减慢，25 岁时大脑的前额叶皮层才能发育成熟，也意味着大脑真正成熟。0~3 岁孩子的大脑处于高速发育阶段，父母怎么教孩子就怎么学，是孩子学习能力最强、技能掌握最快的时刻。个体心理学认为，5 岁之前是生命原型塑造期，对人生极其重要。

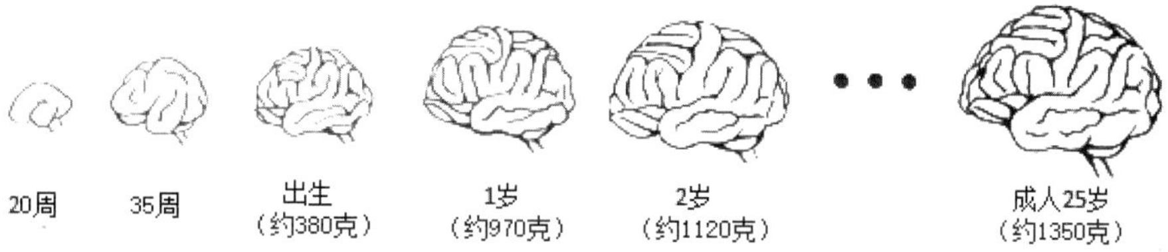


图 4-1　大脑发育的过程

2 岁的孩子为什么会叛逆，除了大脑发育快，2 岁也是孩子自我意识开始形成的时期。他对父母禁止的事情特别感兴趣，如“不要画”“不要爬”“不要扔”“不要咬手指头”，孩子基本和父母对着干。“不要……”这样的表述被称为“不语言”。心理学上有一个皮亚诺实验，证明孩子在 5 岁前对“不”的理解非常有限。

不仅是孩子难理解，成人虽能做到但也感到困惑。下面来感受一个互动小游戏，请按照口令来做动作，第一轮口令：

- 不要坐下。
- 不要把手放在身体两侧。
- 不要张开嘴。
- 不要站着不动。
- 不要站起来。

听到这些口令你有什么感受？困惑？迟疑？混乱？成人能够做到，是因为大脑发育成熟，能够进行理性区分，然后才做到。但 5 岁之前的孩子做不到，因为大脑的前额叶皮层未发育成熟，无法进行理性区分。再来感受一下第二轮口令：

- 请坐下。
- 请起立。
- 请举起右手。
- 请往前走一步。
- 请看着我。

我猜你做得很好，因为指令清晰，快速且有效。在亲子沟通中，父母表述时尽量去掉“不”，要用正面语言来与孩子沟通。

## 4.2 如何应对孩子成长中的三个叛逆期

### 挑战 12：怎么说孩子都不听，到处扔东西，到处乱爬

在成长过程中，第一个叛逆期是孩子 2 岁的时候，此时孩子典型的表现就是“任何东西都是我的”。孩子的语言习惯是“这是我的包”“这是我的书”“这是我的碗”……自我意识的开始，伴随而来的是好奇心，孩子就像一个永动机，无时无刻不在动，实在太累了，倒头就睡。醒着的时候孩子就干这些事情：把抽屉里的东西全部翻出来，一次又一次。父母说“不要扔”“不要爬”……孩子根本听不进去。因为要随时看管孩子，耗费很多精力，当孩子一次一次扔东西、摔东西、翻东西的时候，父母就会彻底失去耐心。如果父母了解孩子对“不”的认识，用正面语言就可以解决这个挑战。

### 攻略 2：使用正面语言

什么是“不语言”？心理学上做过一个有趣的实验，现在请按照我的指令做：“请不要去想那头红色的大象，请不要去想那头红色的大象。”心理学家发现大部分人的脑中都是红色的大象，而指令明明是不要去想红色的大象。成人的大脑前额叶皮层已经发育成熟，虽然会想，但是可以控制行为，最后意识到的是“‘不要’去想那头红色大象”，但也会带来思维的困扰。

我们已经了解孩子的大脑发育过程，孩子的大脑前额叶皮层还未成熟，无法做出理性的判断，自控自律也需要时间来培养。当父母跟他说“不要哭”“不要扔”“不要爬”“不要画”……时，孩子脑中反馈的是“哭”“扔”“爬”“画”……达不到纠正孩子行为的目的。父母纠正这些行为最好的方式就是允许孩子做，在确保安全的情况下，尽可能帮助孩子去探索。这个年龄的孩子对世界的一切都充满好奇。好奇心是孩子非常可贵的品质，小时候需要父母保护和引导。脑科学家做过研究，小时候好奇心重的孩子长大后在数学方面很优秀。而父母惩罚、打骂、指责或羞辱孩子不仅不能帮助孩子探索，而且会逐渐消磨孩子的好奇心。

使用正面语言意味着父母无条件正向引导孩子。例如，某个阶段孩子特别喜欢画画（也可以称为孩子的敏感期），在墙上、沙发上或床单上等到处画。父母应鼓励孩子探索，并创造孩子画画的环境。当孩子画到墙上时，父母可以这样说：“你很喜欢画画，如果你想画画的时候，就画在纸上。”或者说：“你想画画的时候可以画在这面墙上。”每次他画在别的地方时，父母应温暖而微笑地告诉孩子：“来这面墙上画，你可以画任何你想画的东西。”需要多次重复，直到孩子养成在这面墙上画或在纸上画的习惯。这样做既鼓励了孩子画画，也帮助孩子建立了界限。

东东3岁就喜欢画画，家里到处都是他的杰作。妈妈和东东商量，在阳台娱乐区专门有一面墙给他画。每次当东东想在别的墙上涂鸦时，妈妈温暖而鼓励地带东东到指定的墙面前，告诉他可以画在这里。等到东东上小学时，那面墙彻底变成了黑色。6岁的东东越来越能理解和控制自己的行为，于是妈妈跟东东一起商量如何处理这面墙。最后，墙上贴上东东喜欢的维尼小熊图案的墙纸。东东妈妈说："我们并不期望孩子成为了不起的画家，孩子现在上三年级，一直对画画有浓厚的兴趣，在学校参加美术剪纸社团，多次代表学校参加活动，让他觉得很开心。画画也让他能安静下来，对专注力、鉴赏力、创造力和想象力的培养都有益处。很感谢那时贝妈的建议，用一面墙培养了孩子一个持久的爱好。"

同样，如果孩子爬阳台的栏杆，请用"可以爬，只是宝贝想爬的时候一定要叫上爸爸或妈妈"代替"不要爬"，这样既确保了安全，又满足了孩子的好奇心。如果孩子扔手机，请用"手机是妈妈用来打电话的。你看，要这么用"（你可以跟他模仿打电话，他可以在电话里听到你的声音）代替"不要扔"。如果孩子大哭不止，请用"如果哭可以让你感觉好些，可以哭，妈妈需要一个拥抱"代替"不要哭"，同时抱着孩子，抚摸他的背，孩子要不了多久情绪就会平静下来。

我们反复强调，父母教孩子一次是不够的，孩子的学习是一点一点累积起来的。父母大多都有类似惊奇的发现：孩子一个字都不认识，但能有模有样、一字不落地读出绘本上所有的文字。这就是孩子的学习能力，在没有完全理解绘本时，他会要求父母一遍又一遍地读，甚至有时候父母都不耐烦了，他依旧吵着要再读。这是由于成人和孩子对同一件事的认知节拍不同造成的。在父母看来是一遍又一遍的重复，但在孩子看来每一遍都可以学习到新东西——第 1 遍了解梗概，第 2 遍了解情节，第 3 遍了解最感兴趣的部分，第 4 遍了解细节，第 5 遍了解人物心情……总之孩子有自己学习的逻辑，通过一遍又一遍的重复，让自己理解新事物。对孩子来讲不是重复，每遍都很新鲜。孩子拥有一颗全然接受的心，常言道"要像孩子一样学习”，描述的就是孩子开放不带评判的心态。5岁之前的孩子很好教，父母花时间越多，教得越科学，未来养育就越轻松。

有些妈妈问：“既然孩子总是反着来，可不可以正话反说呢？”例如，对孩子说“今天不准上幼儿园”，可能孩子哭着要去上。有的时候好像有效果，孩子会“掉进坑里”。但我不建议，因为这样会让孩子失去判断力，孩子不知道哪些是支持的，哪些是禁止的，只会让孩子更加困扰。无条件正向引导才是教育的出发点。父母理解孩子的大脑发育过程，理解孩子学习的逻辑，在与孩子相处的时候就会少一些烦恼和焦虑，多一些耐心和引导。

第2个叛逆期是8～9岁。本书中的攻略都可以使用，相信在一次次的尝试中，父母对攻略的应用会越来越熟练，也会变得越来越从容淡定。

第3个叛逆期是青春期。孩子是否处于青春期无法单独从年龄来判断，现在的孩子从10岁左右就进入青春期。青春期的孩子的主要任务是弄清楚自己是谁。这时候对孩子来讲要自主，要脱离父母，叛逆、反抗等词语会跟青春期一起出现。再加上身体激素的刺激，情感大脑的快速发育，孩子在弄清楚自己是谁的过程中会遇到很多挑战。

青春期的现象（本书强调的是身体变化以外的现象）并不意味着孩子很叛逆，而是孩子开始迎接人生很重要的阶段——青春期了。

1．孩子开始跟你顶嘴了。以前他只会哭、发脾气，现在理直气壮地讲道理，虽然这些道理在父母看来都不怎么立得住脚，但这就是孩子自己的观点。孩子常常口是心非，让父母捉摸不透心思。

2．与父母的关系开始尴尬，不再像小尾巴一样地黏着你，你上哪里他跟到哪里。不喜欢走亲戚，甚至家庭旅行时也觉得没有共同语言。青春期的孩子喜欢跟自己的小伙伴玩，喜欢同学聚会、出游，同学关系越来越重要。

3．有自己的价值观、自己的喜好。不太愿意跟父母分享，甚至当父母问时也不一定会说。讨厌父母偷看自己的日记，检查自己书包等，非常注重自己的隐私。很多时候孩子觉得父母古板、僵化，不能理解自己，开始还会和父母分享，讲到最后发现讲了也白讲，讲多了反而引来更多的骂，不如不讲。

青春期孩子的父母可以试试“建立关系三句式”这个攻略，说不定效果不错。我会在下一本书中具体且系统地解决青春期父母的困扰，这里只分享最有用的攻略。与青春期孩子相处最重要的是建立良好的关系，家是安全而可信的，父母与孩子有连接，就容易帮助孩子度过青春期，为孩子后面的人生做好铺垫。当然，孩子青春期时父母也不应该太过于追求顺从，唯有爱和鼓励可帮助孩子度过青春期。

## 攻略 3：建立关系三句式

1．“你这样做我理解你，在当时的情况下你一定有自己的理由，你愿意多说一点吗？”

请相信孩子，每件事情不是一开始就期望有个坏的结局，而是最终发展成坏的结局。事情已经发生，怎么惩罚、指责、打骂都不是专注问题解决的好办法。对青春期孩子的打和骂只会带来不可预想的结局。在情感大脑发育最迅速的时候，孩子做事情容易冲动。让孩子讲自己的理由，有利于父母了解孩子的内心，才能找到解决问题的出口。

2．“你愿不愿意听听妈妈的建议？”

如果孩子愿意，父母要谢谢孩子愿意花时间听你讲。父母心平气和地讲述自己与这件事类似的经历，让孩子说说如果他是你，在这件事中收获了什么，哪些地方做得还不够好。如果孩子不愿意，最好闭上嘴巴尊重地回应：“很遗憾你不愿意听，妈妈尊重你，当你准备好时或者你想知道时，请一定让我知道，我很乐意把我的经验分享给你。”如果实在忍不住，你可以给孩子写张纸条，切记长篇大论或义愤填膺，放在孩子看得见的地方。也许孩子不一定会给父母回复，但也算得上一个平静的沟通方式。

3．告诉孩子不管怎样你都爱他。

青春期的孩子与父母对抗，无话可讲，双方之间慢慢形成一堵无形的墙。孩子越来越感受不到父母的爱，父母觉得靠近孩子越来越难。唯有父母表达无条件的爱才可以融化这堵冰冷的墙，与孩子建立良好的亲子关系。另外，一定要问问孩子，哪些是需要父母来管的，哪些是不需要父母来管的。在孩子说的时候切记不要打断、评论和否定，只是安静、认真地听。父母也可以在问之前自己先列一个清单，前后对照一下，问问自己：“可以放手吗？”“哪些还没有准备好放手？”放手不等于放弃，信任不等于不会犯错。我们要做的是陪伴和支持，让孩子从错误中学习。

# 4.3 孩子爱上说脏话怎么办

## 挑战 13：孩子爱上说脏话怎么办

孩子从幼儿园大班到小学二年级，有一个很明显的特点，喜欢学说怪话，如“妈的”“浑蛋”“妈妈是一坨粑粑，叔叔是大便”，还有模有样地做动作，真让人好气又好笑。当孩子这样说时，父母的第一反应通常是“不可以这样说”“再说打嘴巴”。除了说脏话，孩子还喜欢把字词的顺序颠倒。有时孩子会把幼儿园说成幼园儿，如“我要去上幼园儿”“我要去上幼幼园”。有时父母还担心孩子是不是语言能力发展滞后，不会说“幼儿园”三个字。

1．不要强化脏话。“不可以这样说！”“这是不礼貌的！”这样的沟通是“不语言”，在某种程度上强化了孩子说脏话。有效的方式是父母告诉孩子如何礼貌地打招呼，并且示范给孩子看。在家里父母可以和孩子玩互相打招呼的游戏。例如，妈妈站在门外等孩子打开门。妈妈：“你好，宝贝，见到你好开心！”孩子：“你好，妈妈，见到你我也好开心。”多互动几次孩子就能学习到如何礼貌地打招呼。

2．当孩子说幼幼园、幼园儿等类似词汇时恰恰是孩子语言幽默感的培养期。孩子可能纯粹觉得好玩或好听，如果无伤大雅，无须特别纠正。慢慢地，孩子觉得不好玩就不会再说了。相反，父母越不让说，孩子持续这一行为的时间会越长。

3．如果孩子热衷说“浑蛋”等脏话时，那么他可能是为了引起大人的关注。因为每次这样说时，总能引来大人对自己的关注，所以孩子觉得很有意思。我依旧建议父母忽略孩子的行为，当孩子发现自己说这些话没有人回应时，他就失去了兴趣，也就不再说了。

## 攻略4：幽默

如果忽略不起作用，孩子越说越多，那么可以开展以下的讨论。

妈妈：“你刚才说这些话，让我很难受。”

孩子：（继续说脏话。）

妈妈：“我猜当你说这样的话时，你觉得很有意思，是这样吗？”

孩子：“是。”

妈妈：“如果有人对你说这些话，你会有什么感受？”

孩子沉默不语。

妈妈：“我猜你也会有些难受。”

孩子：“嗯，可是我很想说这些话。”

妈妈：“听起来你也不想让别人难受，对吧？”

孩子：“是。”

妈妈：“如果你实在想说，可以对我说。”

孩子：“妈妈，你会难受吗？”

妈妈：“你是我的孩子，我无论如何都爱你。只是当你对我说时，我的手就会变成爱挠痒痒的机器人，直到你不说才会停下来。”

接下来，当孩子说脏话时，父母和孩子就可以玩这个游戏。用幽默的方式，既让孩子有一个出口，也让他慢慢地戒掉这个习惯。往往多日以后，孩子觉得没有什么意思了，也就没有了这个习惯。

## 4.4 孩子打人怎么办

### 为什么孩子会有攻击性行为

从阿德勒个体心理学角度来说，孩子出现攻击性行为往往发生在孩子面对某个困难时、受到挑战时或触及孩子的自卑感时，是一种自我防卫行为，借以保护自己。当然这并不是值得提倡的方式。它是孩子觉得自己不够好、不如人（自卑感）时，进行过度补偿的行为。若孩子是自信的、有能力的，他是不会通过这样的方式来显示自己的强大的。这也就不难理解为什么具有攻击性行为的孩子不会去欺负比他强壮的人，而是去欺负比他弱小的人。例如，年龄大的欺负年龄小的，强壮的欺负瘦弱的，这样的行为能够让有自卑感的孩子在攻击他人时有一种“贬低他人，夸大自己”的感觉。

为了让父母更好地理解具有攻击性行为的孩子，我用《正面管教》这本书中的四个错误目的[1]来解释。如同我们看到的冰山，冰山上面是孩子有攻击性行为，冰山下面才是他们攻击别人的真正目的。只有理解了孩子行为背后的目的，才能更好地引导孩子。

1．具有攻击性行为的第一个可能性是寻求关注。孩子似乎在说：“你们都看着我，不能忽视我。”因为当两个孩子打架时，他们就会成为中心。一旦打架，老师就会找他们，无论是批评还是惩罚，孩子只会觉得“老师

1　简·尼尔森．正面管教 [M]. 玉冰，译．北京：京华出版社，2013.

终于跟我说话了”。所以，用再厉害的惩罚和批评也无法改正孩子的行为。阿德勒说:“每个孩子都渴望成为太阳。”当孩子感觉自己站在舞台中心时，以为自己被关注了。

寻求关注的孩子在生活中缺失爱的陪伴，他们想要爱，但得不到，才会以这样的方式寻求关注。在多子女的家庭中，当第二个孩子出生时，老大就很有可能出现这样的情况。在父母忙碌的家庭，父母忙于应酬，无暇照顾孩子，孩子也有可能出现这样的情况。或者孩子由家中长辈照顾，长辈照顾多注重生理需求，对孩子情感的关注较少，也容易出现攻击性行为。

2．具有攻击性行为的第二个可能性是寻求权力。孩子似乎在说：“看我多么有力量，我要自己说了算，你们要按照我说的做。我想干什么就干什么，你们阻止不了我。”这样的孩子认为自己在班级中或家里是没有价值的，为了能够显示自己的价值，他不得不做出一些攻击性行为。这里的攻击性行为不只是打人，还包括骂人，说恶毒的话。这样的行为多出现在对孩子过度溺爱的家庭，孩子大多脾气暴躁，在家里像个小皇帝，动不动就躺在地上撒泼，家长很容易被孩子操纵。

3．具有攻击性行为的第三个可能性是报复。孩子的目的是“扳平”，或者感觉自己受到伤害，也要让别人尝尝受伤害的滋味，以牙还牙。孩子似乎在说:“我很难受，你要付出代价，我要让你尝尝和我一样难受的滋味，这才公平！”通过调查很多校园欺凌行为后发现，欺凌者往往曾经也是被欺凌者，他渴望自己早点长大，然后去找一个可欺负的对象。听起来不可理喻，但就是那么埋所当然。这类欺凌事件最好是在第一次发生时就开始干预。

4. 具有攻击性行为的第四个可能性是期望别人远离自己。听起来似乎很奇怪，孩子似乎在说："反正我就这样糟糕了，我怎么做都做不好，也没有人在乎我。"当孩子开始自暴自弃时，表面看起来很勇敢，内心其实很脆弱，完全不期望自己有更好的表现。作为父母要相信，在孩子的成长过程中无论是否有攻击性行为都是正常现象。不同的是，父母引导不同，结果也不同。如果父母忽视或没有发现，那么就完全取决于孩子自己的决定，但孩子年龄又小，结果就更加不确定。

攻击性行为至少涉及两个主体：一个是攻击者，另一个是被攻击者。如果幼年时孩子有攻击性行为没有得到科学的引导，那么对孩子将来会有怎样的影响呢？孩子在与他人沟通相处时可能会无所适从，拳头是他最熟悉的处理冲突的方式。想象一下，无论孩子有多厉害，谁能保证在每次攻击中都是他获胜？即使孩子每次都获胜了，那么他付出的代价是什么？孩子能学习到如何与他人沟通，如何与他人合作吗？我想答案是否定的！

如果孩子是被攻击者即受害者，没有得到情绪急救，孩子会怎样呢？孩子在成长之路上战战兢兢，如何有一个快乐幸福的童年？童年对孩子来说特别重要，很难想象童年的战战兢兢对其一生的影响会怎样。更重要的是欺凌者总是找那些常常被欺凌的人，如果父母没有进行情绪急救，很多年轻的生命也许就会遭遇严重的伤害甚至悲剧性地离开！

事实上，在攻击和被攻击关系中还有第三个人，那就是旁观者。当孩子作为旁观者时，父母又该怎样引导孩子正确面对这件事情？是勇敢地挺身而出，还是漠视后离开？是起哄还是求助？这里有太多我们可以讨论的话题。

## 挑战 14：我的孩子打了别的孩子怎么办

打人并不是孩子的天性，是孩子成长的环境教会了孩子打人。第一，平时大人看暴力的电视或视频，以为孩子小，不懂。恰恰相反，孩子学得比我们快。应避免孩子看这类电视或视频。第二，父母在家里用“打”的方式解决问题，自然孩子也学会了打人。这点无须太多解释，父母的言传身教会带给孩子很大的影响。第三，孩子从父母对打人的反应中学习。刚开始孩子不经意地打到父母的脸，他不知道这是打人。当他打到父母时，父母会说：“不准打人！”有些孩子听到父母这样说，很快又来一下。孩子由此就学习到原来这是“打人”！父母的禁止、惩罚只会强化孩子打人的动作。其实父母需要教孩子，一边说一边拿他的小手温柔地教。用手轻轻地拍孩子或稍微重地拍孩子，并解释：“轻轻地拍是爱，重重地拍就会让别人以为你想伤害他，这个时候我们把它叫作‘打’，打人会让人疼，你觉得这样好吗？如果好就点点头，不好就摇摇头。”这恰恰是教育孩子的最好机会。如果我们从小就这样去训练孩子，长大后孩子打人的概率会减小很多。

看见自己的孩子与别的孩子打架，最好的方式就是立刻把他们分开。如果有人受伤，第一时间处理伤口，然后送医院进行治疗。千万别在气头上惩罚和指责孩子，而是处理当下最紧急的事情。无论是在家里还是在学校，准备一个急救包，内含纱布、酒精、绷带等，第一时间把伤害降到最低。

可以递给孩子一杯水（孩子可能也是第一次遇到这样的情形），待他情绪平稳后，跟他聊聊这件事情。在聊这件事情时，请首先停止惩罚、指责，即使旁边的人都鼓动你一定要给孩子一点颜色看看，让他记住教训。你是孩子的父母，你有权决定如何对待你的孩子。

1．询问孩子此刻有什么感受。例如："孩子，刚刚发生的事情把妈妈吓到了，你能告诉我此刻你有什么感受吗？"

孩子表达自己的感受时，父母只需看着孩子的眼睛，回应"嗯"，点头，或者鼓励孩子大胆说出自己感受。

2．询问刚刚发生了什么，对方做了什么，要根据孩子说话的速度慢慢地问。例如："当时你在哪里？你的同学做了些什么？说了些什么？"

3．询问孩子做了什么。例如："当他这样说、这样做时，你又做了什么？还有别的人在周围吗？他们又是怎么做的？"

这些问题，父母要一个个慢慢地问，孩子有停顿要耐心地等，允许孩子不回答。

以上都是引导式提问，为了让父母可以了解事情的过程。询问过程中没有任何指责，千万不可打断孩子说话。父母静静地听，不可以评论，一旦评论，父母离事情的真相会越来越远。

4．告诉孩子："在当时的情况下，做出这样的行为是有可能的（因为事情已经发生，对于过去的事情承认发生就好）。哪些地方你觉得自己做得合理？哪些地方做得不合理？还有没有更好的解决方案？"

5．继续问孩子："当你这样做时，对方会有怎样的感受、想法和决定？现在需要做什么？"

6．陪伴并鼓励孩子为自己的行为负责。如果孩子要去道歉，父母需要支持孩子，并帮助训练孩子如何真诚地道歉。事后讨论下次如何解决类似的事情。

## 挑战 15：孩子被打了，我该怎么办

首先要关注伤势，如果有伤，第一时间紧急处理，然后送到医院。无论发生怎样的情况，父母务必跟孩子在一起，此时此刻父母的陪伴和拥抱是最好的安慰，哪怕孩子在你的怀里哭对他而言都是无声的抚慰。切记不可指责孩子“怎么这么无用，怎么这么笨，我们不都教过你……”此刻的孩子自尊已经很低，如果家长再说伤孩子自尊的话就会加剧孩子的自卑感，抚慰孩子才是父母第一时间要做的。等待孩子情绪平稳后，父母要进行温暖而鼓励的谈话。如果孩子不想谈，允许等待，问问他什么时候愿意说，愿意跟谁说。

1．让孩子知道，在那样的情形下，他有这样的情绪是可以的。如果妈妈遇到，也会有类似的反应和感受。“你现在感觉如何？你是怎么想的？你现在有什么决定？”（不要问得太着急，等待有时不是坏事情。）

2．告诉孩子无论如何父母都爱他。并且和孩子讨论：“我们需要在这件事情上学习什么？”

3．“如果在学校里再发生类似事情，我们怎样做可以解决这个问题呢？”确保头脑风暴出有价值的解决方案。

4．选出切实可行的解决方案，父母陪伴孩子练习一些技能。比如，

父母可以教孩子如何躲避，如何求助，结伴而行……当要反击时，如何击中要害部位，进行模拟练习，并进行反复训练。如果孩子说要学习跆拳道、散打等防身术，父母应鼓励孩子去学习，锻炼身体。锻炼和运动也会让孩子更有信心。

# 第5章

# 用父母攻略塑造孩子的优秀品质

# 5.1 如何塑造孩子分享的品质

用经历去训练孩子，而非用教训去训导孩子。

——贝妈

分享是人类的一个优秀品质，但并不是孩子与生俱来的品质，它是后天刻意培养的品质。父母过早强迫孩子分享，对孩子成长无利。父母也不必过度焦虑，认为孩子小时候不懂得分享，长大了就是“白眼狼”。如何塑造孩子分享的品质，不同阶段有不同的引导方式，千万不可给孩子贴上“自私”的标签。父母随意给孩子贴标签会影响孩子的心理健康，甚至未来的人生。

培养孩子分享的品质大概需要经历以下三个阶段。

第 1 个阶段：0 ~ 4 岁自私期。这个阶段的孩子最“自私”，2 岁的孩子开始进入自我意识期，会有强烈的占有欲，不建议父母强迫孩子分享。3 ~ 4 岁的孩子开始表现出利己现象，大部分孩子不喜欢与人分享，不会顾及他人的感受和利益。这是孩子自然成长过程中的正常现象。

第 2 个阶段：5 ~ 10 岁分享期。7 ~ 8 岁的孩子有完全不同的表现，80% 的孩子愿意与他人分享，这个时候父母示范分享，孩子学得非常快。

第 3 个阶段：10 岁后的青春期。这个阶段比较特殊，孩子马上步入青春期或正处于青春期，十分注重自己的隐私，所以也不喜欢分享。父母普遍感觉孩子小时候什么都愿意说，等到上六年级或初中时很多话不再跟父母说，所以父母觉得青春期的孩子很叛逆。青春期孩子叛逆的不是父母，而是反感父母与自己沟通的方式——怀疑、审问、控制。父母只有与孩子建立良好的关系，接纳孩子的感受，改变沟通的方式，保持对孩子的好奇心，孩子才愿意与父母分享自己的事情。父母要尽量避免通过了解孩子的一切来控制孩子，非要孩子按照父母的意愿来做事情。下面的句式可帮助父母快速与青春期的孩子建立连接：

- “谢谢你把这件事情告诉我。”
- “你愿不愿意听听妈妈对这件事情的看法？”
- “如果你不愿意听没有关系，等你想知道的时候让我知道，我很愿意分享我对这件事情的看法。”
- “你那样做一定有你自己的理由，在那样的场景下，我也许也会这么想。”

多倾听，少唠叨，用我们第 1 章里听和问的攻略来与孩子沟通。因为道理青春期的孩子都懂，他需要的不是说教而是尊重。

### 如何培养孩子分享的品质

在 0 ~ 4 岁“自私”期，父母要避免错误的示范。在授课中，我常讲述吃橘子的故事。当孩子在吃橘子时，妈妈说：“可不可以给妈妈吃一瓣？”橘子很甜很好吃，孩子很犹豫要不要给妈妈吃。妈妈看到孩子犹豫的样子觉得特别开心，最后当孩子把橘子递给妈妈时，妈妈话锋一转：“还是你吃吧，妈妈不吃。”然后把橘子还给孩子。成人常用这种方法来试探孩子，特别是亲戚朋友在一起时，用这样的方式逗孩子。我没有问过孩子开不开心，但大人似乎很开心。只是在逗孩子的过程中，父母思考过孩子从中学到了什么吗？我想无论如何都不是在培养分享的品质。

**正向鼓励和示范。**当孩子给父母分享东西的时候，父母可以愉快地对孩子说："谢谢你的橘子，与你一起分享我感觉很好。"或者"感谢你的分享，你学会了如何跟自己的朋友分享好吃的。"在孩子的眼里，真的就是真的，假的就是假的，而成人相对比较复杂，真真假假，假假真真。当孩子比较小时，父母训练孩子最好的方式就是示范给孩子看什么是分享。父母剥开一个橘子说："我愿意和你分享这个橘子，与你一起吃感觉真好。"当父母这样说时，孩子又学到了什么？父母教会孩子如何与人分享要做的事、要说的话。

**允许孩子自私。**如果父母允许孩子不分享自己的每件物品，那么孩子未来更容易与他人分享。事实上，每个人都有不愿意与他人分享的物品。例如，我们的爱人不愿意跟他人分享，个人密码也不愿意跟他人分享，所以父母要理解不是每件物品都要分享。只是年龄不同，不愿意分享的物品不同，成年人不愿意分享的是爱人，而孩子不愿意分享的可能就是小火车。在外出时要帮孩子找一个专门的架子或盒子，用来放他不愿意分享的物品。如果家里有两个孩子，将他们不愿意分享的物品放在自己的专属筐里。如果带着孩子去跟小朋友玩，让孩子带一些他愿意分享的玩具，而不是带他放在自己专属筐里的玩具。

父母不必与孩子分享自己的一切。记得有一次我在群里发红包，孩子悄悄地过来看我的支付密码。我说："宝贝，妈妈爱你，同时我没有做好准备跟你分享我的密码。"孩子笑了笑，点点头。我说："谢谢你的合作。"

我们在教孩子分享，也需要教孩子什么是界限。

分享不仅包括吃的、用的、玩的，还包括精神层面的东西，如快乐、悲伤、想法……与孩子分享快乐，让孩子爱上上学。放学见到孩子时，父母常问的问题："今天你吃饱了吗？有没有人欺负你？老师批评你了吗？"这些问题都让孩子在学校里关注有没有人打他，老师有没有批评他。事实上可以引导孩子分享自己在学校的正向经历，帮助孩子度过这个特殊时期。所谓特殊时期，是指孩子离开家庭，迈向另一个团队生活的场景。

为了帮助孩子爱上幼儿园，我和他在睡觉前会有一个"会谈"。我会问孩子在幼儿园都做了什么（这个问题不关乎他人，而是孩子自己做了什么，孩子讲述时会涉及他人），一开始孩子不说话。当时我想，可能是孩子不想说，也可能是不知道怎么说，我猜孩子不知道怎么说的可能性比较大，于是我示范给孩子看。我说："妈妈先说，我今天把你送到幼儿园，然后去了……"一般我会分享有趣好玩的事情，然后我们都会咯咯地笑。我也没有特别在意他说不说。他不想说，我就说："等你想说的时候分享给我。"而我坚持每天分享我简单一天的流水账。

大概一个星期后，孩子说："妈妈，我要分享一件好玩的事情。今天小朋友不见了！中午吃饭的时候，老师进来问：'明明去哪里了？'我们发现明明没有坐在椅子上。原来他的小勺掉地上了，明明在桌子底下捡小勺。明明人很小，老师没有发现在桌子底下的明明。啊，真想不到，原来是一场误会。"他讲完后我们觉得这件事情特别有趣，咯咯地笑不停。孩子讲了一遍又一遍，这件事情大概连续讲了两周，每次讲完我们都快乐地笑。

等到孩子上一年级的时候，我也会问他，学校里发生了什么令他快乐的事情或难受的事情。一直持续到三年级，孩子能独立睡觉的时候，就没有睡前会谈了，可是我们依旧会有这样的时刻。对我来说，这个时刻是跟孩子在一起非常美好的回忆。

因为每天的分享，孩子在学校里会留意有趣好玩的事情。孩子上小学的后期父母可以问有哪些令他难受的事情，父母与孩子一起讨论、面对和解决，不仅可以帮助孩子解决上学难的问题，还可以让孩子知道原来分享不仅包括物质的东西，还包括无形的东西，如精神、故事、思想、感受……

这样的分享不仅有利于孩子分享品质的塑造，还有利于营造平凡而幸福、简单而快乐的亲子关系。

## 5.2 如何培养孩子倾听的能力

倾听是孩子很重要的能力，父母如何给孩子示范倾听在第 1 章中有攻略。那么在家里，父母如何培养孩子倾听他人的能力，表达自己的想法呢？虽然一次训练并不代表孩子会养成习惯，但是父母从小引导孩子，孩子就会学习如何倾听他人。

父母的困惑："我家小朋友就是'人来疯'，特别吵。""我家小朋友就是话太多，声音还很大。""我家小朋友急性子，大人的话还没有说完就抢着说。"这些挑战背后是训练孩子倾听能力最好的机会。

**【试过的 ABC】**

A. 威胁："你们小声点，停一停，否则我不玩了。"

B. 唠叨："你们听我说，听我说……"

C. 惩罚："你们再这么闹，下次不允许你们一起玩了！"

D. 利诱："谁听话，我就给谁一颗巧克力！"

E. 表扬："你最听话，最乖……"

**【第一现场】**

今天家里迎来了一位小客人——贝贝非常好的朋友果果，两个小朋友在家里玩得很疯狂。我回家看到他俩就像两块橡皮糖一样，一个拉一个推，不给我任何说话的机会，就把我推到他们玩的游戏中。两个孩子就像两台精力充沛的永动机，又像两只一秒也停不下来的布谷鸟，根本听不进我在说什么，也不愿意听任何建议，而我的客户还等着我发邮件。

**·父母攻略·** 这样的场景可以用“头脑风暴”来培养孩子如何倾听。头脑风暴的规则：

- 不评价，不批评。
- 一个一个地说，别人说的时候，其他人不说，需要发言棒（一个苹果、一根香蕉都是很好的发言棒，孩子超喜欢）轮流发言。
- 只求数量，不求质量。
- 等所有方案都列出来时，选一个大家都同意的方案试试。

首先，父母停止孩子让父母做的事情，也要让他们停下来。

妈妈：“刚才你俩一起说，我什么也没听清楚，我们一个一个地说，谁先说？”

果果：“我先说，我想让贝贝戴上这个面具，扮演一个鬼，然后你进黑屋子看我们表演。”

妈妈：“现在轮到你说了。”

贝贝：“等看完表演，你也戴一次面具，我们给你拍照，然后发微信。”

妈妈：“还有其他想法吗？”

果果：“快来，快来一起玩。”（通常孩子一说完，不会再听家长说，就会把家长拉走或拽走，这时家长一定要淡定。）

妈妈：“刚才我很认真地听你们的想法，可是我还没有说我的想法呢。我觉得这个游戏一定很好玩，你们也做了充分的准备，我也想看表演。不过现在我遇到的问题是要马上发一封邮件，别人在家里等着我。”

贝贝："那你先发邮件，再来玩。"

妈妈："谢谢你们的合作。第二个问题是妈妈有点儿担心，因为这个面具很长时间没有用了，有点儿脏，有什么办法可以让面具变得干净？"

果果："用湿巾擦一下。"

贝贝："用餐巾纸擦一遍。"

妈妈："有没有其他办法？"

贝贝："用水洗一下。"

妈妈："你们最想用哪个方法？"

贝贝："用水洗然后用湿巾擦一下。"

妈妈："果果你觉得呢？"

果果："就这么办。"

妈妈："相信你们的判断。"

小朋友开始忙着清洁他们的面具了，我抽空把邮件发了。这个过程中孩子往往只会顾及自己想说什么，很少去听同伴、听父母在说什么。长此以往，孩子很难听别人在说什么，也不会关注同伴在说什么。学会倾听是孩子人际沟通中非常重要的能力。只要结合引导式提问和头脑风暴两个攻略，就能引导孩子学会如何倾听。

## 5.3 如何培养孩子的责任感

孩子小时候需要很多机会来培养责任感。现在父母都围着一个孩子转，以“爱”的名义给予太多。父母总想在自己力所能及的范围内给孩子保护，让其免受伤害，不受挫折。有时只是不想让孩子对父母失望。孩子有一种错觉：没有必要付出任何努力和投入就可以拥有一切，所有的一切都是理所当然的。

记得孩子小的时候，我因工作原因而出差，第一个晚上很难睡着，于是打电话给孩子，问孩子是否想妈妈。孩子说“不想”，自己就去一边玩了。听见他的笑声，我突然发现，真正舍不得离开的是父母而非孩子。很多时候我们看起来伟大的牺牲，其行为的背后是自私的我们，以“爱”的名义剥夺了孩子本该承担责任的机会。而我们为孩子做那么多，似乎只是想让自己得到更多的安慰，这样做也忽视了孩子内在的价值感与归属感。溺爱孩子的父母认为自己理应承担所有的责任，而孩子只要负责开心就好，但是孩子没有参与就感觉不到贡献与价值。太多的时候，家长忙得像个陀螺，做“一揽子工程”，而后又埋怨孩子没有责任感，不懂得感恩。在家庭教育中，家长太严格，控制过多，培养不出孩子的责任感；同样，父母对孩子太关注、太娇纵，也培养不出孩子的责任感。只有基于尊重和鼓励的互动，孩子才会学习到责任感。

## 干家务活可以培养孩子的责任感

总听到父母心疼地说："现在的娃娃学习压力大，放学回家作业都要做到十点多，实在不忍心让他洗碗。周末还要上兴趣班，房间都是我帮他打扫的。"这样的情况越到高年级越普遍。

让孩子干家务活，孩子会有怎样的感受呢？

1．孩子会觉得自己是家里重要的一员，可以帮助家人做自己能做的事情，觉得自己是重要的、有价值的和有贡献的。

2．孩子感受到"我可以做到"，有利于培养孩子独立的能力。相反，无论父母基于何种原因不让孩子干家务活，孩子会选择不当的行为寻求价值感和归属感，如大喊大叫、不好好吃饭、搞破坏……期望得到父母的认可和关注。的确，他们得到了关注——父母的指责与吼叫，只是这些关注对孩子成长无益而已。

3．孩子干家务活时，父母要感谢孩子的付出，而不要期望他一次就能做好。孩子年龄小时，若只干到一半，千万不要指责或者强迫孩子一定要干完。在恰当的时候耐心地训练孩子这个技能。2 ~ 3 岁是培养孩子干家务活最好的时期，孩子很容易模仿，对什么事情都感兴趣。父母扫地，他也要扫，父母洗碗，他也要洗。还记得孩子 2 ~ 3 岁时说"妈妈，我来做"的情景吗？而父母经常说"不，你还太小，去玩吧，去看电视"。这样会让孩子很泄气，有的孩子就会发脾气，父母不能理解孩子东西都拿不稳，为什么非要拖地。通常父母不想让孩子参与是因为孩子拖地拖得比原来还脏，到处是水，衣服也弄脏了。本来大人拖地最多 5 分钟的事，有了孩子的参与后，就要花 1 小时，还要给孩子换洗衣服。所以大人常说:“你太小，现在去玩吧，去看电视吧。”等孩子长大后，逃避家务就很正常了，但这并不意味着孩子不应该做家务。

孩子不是生来就有能力把事情做得又快又好。如果父母了解了这一点，那么就要耐心去训练孩子如何把力所能及的家务活干好。至少父母可以给孩子添置一套与他身高、力量相仿的迷你版用具，如一把小扫帚、一个鸡毛掸子或一套小型园艺工具，然后跟大人一起干家务活。为了让干家务活变得更有乐趣，还可以放一些音乐。当孩子觉得自己可以独立做家务时，要告诉他们，如果他们需要帮助，随时来找你。父母要退后一步，不要插手，除非孩子要求你的帮助。做的过程中有问题，父母不要当时就批评，而是要耐心地训练孩子的技能。我相信孩子会学得很快，干得开心。随着孩子年龄的增长，他们越来越会是父母的帮手。如果父母想了解6～12岁孩子家务清单可以参考《正面管教 A-Z》[1] 一书。

**关注问题解决来代替惩罚的方式培养孩子的责任感**

**【第一现场】**

孩子的一对双胞胎同学来家里玩，所以从下午到睡觉前，三个孩子将跟我在一起。我也没有太多的信心带好三个孩子，甚至做好了崩溃的准备。不过我相信有了鼓励式教养那么多攻略，无论遇到什么，都可以坚持用其中的原则和方法来应对可能发生的状况。

1 简·尼尔森，琳·洛特，斯蒂芬·格伦.正面管教 A-Z[M].花莹莹，译.北京：北京联合出版公司，2017.

刚开始大家很新奇，三个小朋友安静地一起玩玩具、看书和画沙画。后来他们争着都要先玩一个电动小火车玩具，开始争吵起来，他们来找我解决问题。如果在以前，我一定给孩子们出主意，如剪刀石头布、一人一圈等，直接告诉他们解决方法。

**·父母攻略·**

我把他们集中起来，然后说："看起来这个电动小火车玩具的确很有趣，我猜你们都想第一个玩。你们能一起商量一下，想个既让大家都可以玩到又都很开心的办法吗？"孩子们回去了，他们开始议论："试圈，一人一圈"。后来有几次他们还来找我，我用同样的方式让他们自己想办法解决。

在玩游戏的过程中，突然听到"呯"的一声，杯子打碎了。我出去一看，他们一起玩飞镖，把茶几上的水杯打碎了。孩子们明显愣了一下，毕竟杯子摔在地上，一大滩水。我走过去拍了拍他们的肩膀说："杯子摔了，该怎么办呢？"一个说："捡起来。"一个说："我来拖地。"一个说："我们让阿姨把飞镖盘取下来，挂到门上玩，这样下次就不会打坏其他东西了。"

比惩罚、责备更好的办法就是用引导式提问，一个提问，孩子们给了我惊喜。假如用大声斥责的办法，这会是一个地狱般的模式。他们捡碎片的时候不够干净，拖地的时候不够仔细，没有关系。当用引导式提问把孩子引导到问题的解决上时，孩子们很愿意承担责任，也愿意用积极的方式来弥补已经发生的事情。

引导式提问是一个万能的养育攻略，可以帮助孩子学习如何承担责任，而不是推卸、找借口或互相指责来逃避责任。试想，如果杯子打碎了，用责备的口吻会怎样？现实中我们很多时候会说："怎么这么不小心，伤到你自己没有？"虽然父母多出于关心，但是孩子感受到的是指责。当家长有了鼓励式教养的观念后，会把注意力引导到如何解决问题上，会发现孩子愿意承担责任。

## 5.4 如何培养孩子的合作共赢能力

跌破的膝盖可以恢复，但是受挫的勇气会影响你一辈子。

——鲁道夫 · 德瑞克斯，个体心理学创始人

合作共赢的能力是父母非常看重的，可是现实中常常有这么多的焦虑：

- 刚上幼儿园，因为没有得小红花，孩子一直哭……还说再也不上幼儿园了。
- 学校举行运动会，没有选上比赛项目，孩子说没有能力的才做拉拉队队员。
- 孩子一直打网球，打得很好，突然说不想学了。因为他们多了一个新来的队员，一起打了几次都是他输。
- 家里老大总跟老二抢东西，什么都想争一争。

**【试过的 ABC】**

A．当孩子不吃饭时，父母总会说：“宝贝，我们比赛吃饭，看谁吃得快！”结果肯定是孩子快。

B．当孩子早上不起床时，父母总会说：“宝贝，我们比赛起床，看谁起得快！”结果孩子起床了。

C．当孩子走不动时，父母总会说：“宝贝，我们来比赛跑步吧，看谁跑得快！”结果孩子自己走到家。

D．当与孩子比赛下棋、打球时，父母总是故意输。

孩子也很享受“赢”父母的感觉。因为他太小，还不能看出父母的小把戏，但赢的结果让他“感觉很好”。当父母正为自己的小聪明而沾沾自喜时，等孩子稍微长大，也就是从进入幼儿园开始，孩子开始面对实际发生的事情时各种挑战就来了。

也许你会说这有什么不好呢？我想说，每对父母天生都会保护自己的孩子，期望自己的孩子快乐，这些出发点都没有错。但是，当父母有心无心地“过度保护”“过度溺爱”孩子时就要当心了。个体心理学创始人德瑞克斯说：“跌破的膝盖可以恢复，但是受挫的勇气会影响你一辈子！”

《个体到群体》[1]这本书对过度保护带来的影响进行了描述：不知不觉中，经由过度放纵和过度保护而溺爱孩子的父母，无法避免地让孩子产生了自卑感，剥夺了孩子学习克服困难的机会，而这些养尊处优的孩子则会要求他人替自己解决眼前的问题。如果他们成功地以自己的依赖吸引了他人的注意，那就赢得了一个空虚的胜利，也就是得到成人的过度服务，却也付出了恐惧困难的代价，因为他们从未学会解决问题。这个恐惧会让他们退化到运用生理和情绪的症状，进而去“勒索”不再屈服于其任性和要求的父母。当面对需要努力、勇气和合作的问题时，勾起了被宠坏孩子的自卑感，让他无法做好过正常生活的准备。

**【第一现场】**

记得在孩子二年级的暑假，我和孩子散步回家。走到楼梯口，孩子对我说：“妈妈，我们一起来比赛爬楼梯吧，看谁先摸到我们家的门。”于是，

1 亨利·史丹. 从个体到群体：古典阿德勒学派深层心理治疗入门 [M]. 台北：张老师文化事业股份有限公司，2017.

孩子积极地投入备战中。在开始之前孩子推了我一下，很快他就爬到 2 楼，超过我并开心地说：“快来追我吧。”他把身上穿着的外套脱下来扔向我，又把手里拿着的拖鞋扔向我。总之，一切能干扰他的东西，他都扔给了我。而我觉得这次比赛没有意义，更无心跟他比。没过多久，他兴奋地说：“我第一名，我第一名。”

**·父母攻略·**

这件小事对我的影响其实很大，在没有接触鼓励式教养之前我经常这样做，并且还邀请爸爸一起参加，吃饭比赛、洗手比赛，上厕所比赛……在这个过程中（我们总是故意输给他）我们总感慨有效果，但从未留意过长期效果。我们疲于应付孩子一波又一波的挑战，无法顾及长远。

止损是最好的方式——停止以前的方式。因为前一天他赢了，第二天散步回来，他又提出了同样的要求。我说：“别着急，我们一起来想想怎样可以让我和你一起摸到我们家的门？”孩子说：“妈妈，你跨台阶时要两个一起跨，在转弯时靠内转。”孩子一边分享他的经验，一边给我示范，并让我确认是否准备好。我们开始比赛，我很努力地爬，最后我和他几乎同时摸到门，在触摸门的一瞬间，我能感受到他似乎等了我 0.1 秒。我们开始站在那里欢呼：“摸到了！摸到了！”两个人都很快乐。

这个游戏我们一起玩了足足一个多星期，我们非常享受这个特别的时刻。我期望孩子能体会到“竞争胜出”很重要，更为有意义的是“合作共赢”。我没有特别跟孩子讨论关于共赢或合作，可是我相信在我们生活的一点一点的互动中，孩子会慢慢地了解合作、分享、帮助他人和共赢，更期望他看到事情不是只有输赢，还有多种可能性。

也许你会说，要多么智慧才可以做妈妈。其实不然，你和我一样智慧，我做到了，示范了，你读到了，也可以有这样的智慧。而合作共赢本身是孩子体内天生就有的。看一个视频你就明白了，这就是我们阿德勒个体心理学说的社会情怀。这是来自美国一位儿童心理学家经过10年研究的视频[1]，孩子天生愿意合作，而且很愿意付出。父母刻意培养，可挖掘孩子未来更多的潜能。未来的世界，在全球化趋势的影响下，合作共赢将是孩子非常宝贵的品质。

1　观看视频链接网址：https：//mp.weixin.qq.com/s/--VCyNClCeAwrnsnabWXyQ.

## 5.5 如何培养孩子的判断能力

如今兴趣班成为孩子生活的一部分，几乎每个孩子都报了兴趣班。如何选兴趣班，成为家长的难题。作为家长，唯一要做的就是引导和提出恰当的问题。当父母停止唠叨，学会倾听孩子内在时，孩子就学会了思考，学会了解决问题。放手是为人父母的我们要上的必修课。

**【第一现场】**

贝贝去试听一节英语课，班上有他的好朋友，所以他也想去试试。试听课比我想象中的要难，因为美国老师完全把孩子当作美国的小孩来教，无论是语速还是表达，都很地道。课堂从 18：30 开始到 21：00 结束，接近两个半小时。由于是第一次去，很多规则贝贝都不知道，陌生的同学、陌生的老师、陌生的规则和陌生的课程内容，贝贝显得特别拘束。他不知道如何用英语表达“我想上厕所”“我想喝水”“我想休息”……

在整整两个半小时中，孩子们大声说“Excuse me…”就可以做他们想做的事情。只是这一切贝贝都不知道，他一直在坚持。我知道他很难受，我知道他想干什么，他中途给我使了很多次眼色，可是我除了鼓励，全都忽视了。到了 20：00，贝贝没有喝一口水，也没有上洗手间，几乎是孩子中唯一一个不上洗手间的。原因是不知道怎么用英语表达，因为课堂上不允许说中文。

他终于举起手，但是老师没有看见。等老师看见了，解释了一下规则，然后复述了英文表达，我有点儿惊讶，贝贝用英语说了一个完整的句子，表达了“我想上洗手间”。虽然有错误，但他还是表达了。

**·父母攻略·**

在回家的路上，我们有了以下的对话。

妈妈：“贝贝，你觉得这次上英语课的感觉怎么样？”

孩子：“还好，主要是课程结束后，有小哥哥陪我玩，很开心。”

妈妈：“哦，听起来你对上课有自己的想法，哪些跟你想得不一样呢？”

孩子：“我觉得上课的时间太长了。”

妈妈：“哦，还有吗？”

孩子：“我不知道怎么说。他们都学过；小朋友的名字我都记不住；老师的名字我也不知道；晚上上课。”

妈妈：“哦，还有吗？”

孩子：“我想想，路有点远。”

妈妈：“是，那你觉得这次课程有没有让你感觉好的地方呢？”

孩子：“有小朋友下课跟我玩，我们玩得很开心。”

妈妈：“哦，那还有吗？”

孩子：“老师鼓励我，同学也鼓励和帮助我。”

妈妈：“还有吗？”

孩子：“嗯，我想想……没有啦。”

妈妈：“那这次试听课有 6 个缺点，3 个优点，对吧？”

孩子："让我再想想…… 没有啦。"

妈妈："那你想不想去尝试一下呢？"

孩子："还是可以去试试，只是上课时间实在太长了。"

妈妈："那我们一起来看看 6 个缺点能不能克服，你再来决定？我来说第一个，第一个是什么，记不住小朋友的名字？"

孩子："这个嘛，多上几次课，应该可以记住，今天小朋友有点多，一下子记不住。"

妈妈："看起来这个好像可以解决，第二个是不知道老师的名字？"

孩子："这个最简单，下次去的时候问一下就知道，也可以问小朋友。"

妈妈："对，很容易解决。第三个是什么，你不知道上课的内容？"

孩子："是，我都不知道他们在说什么，我都没有学过，什么主语啊、代词啊。我今天说了，但说错了，不过我听不懂，所以也没有关系，不知道他们有没有笑我。老师都说了，没有学过当然不知道，等我学了我也会的。"

妈妈："你能这样想我很高兴，我相信你能做到。第四个是上课时间太长？"

孩子："这个的确是，我总在想什么时候下课，老师都不提醒。"

妈妈："是，不过当你累的时候，当你想上洗手间的时候，该怎么办？"

孩子："就是要说那句话。"

妈妈："哦，也就是说，当你可以表达的时候，可以自己休息，只要不影响其他同学就可以了，对吧？"

孩子："是，这个也许多上几次课就习惯了。"

妈妈："最后两个问题是什么，晚上上课，还有就是太远了？"

孩子："晚上上课也能坚持，一周就一次。只是太远了，要好久哦。你骑自行车吧，这样就快了。"

妈妈："这个办法倒也不错。要这样快吗？还不够快吗？太快了吧……"

到此为止，孩子自己知道该不该上兴趣班。从内心来说，他不喜欢，我绝不勉强，即便我认为是最合适的。其实贝贝的兴趣班一直都是他自己选的，以前没有像这么分析。孩子其实可以自己解决问题，他的内在也知道自己想要什么，不想要什么。这不就是孩子判断能力最好的培养过程吗?

# 第6章

# 用父母攻略让孩子爱上学习

# 6.1 如何激发孩子的学习兴趣

有一位家长问我："怎么让孩子知道学习的重要性，我怎么说都不管用啊！"

**正向循环激发兴趣**。与其想方设法说服孩子学习很重要，不如换一个角度，培养孩子的学习兴趣。如果孩子对学习感兴趣，自然就愿意学，也会投入更多的时间，学得快乐，而且专注。有的父母跟我说"孩子容易走神，坐不住"，这往往说明孩子不感兴趣。如果不感兴趣，坐立不安、分神也就正常了。因为自己想学，学得快乐，投入时间也多，所以也就容易学好，一旦有了成就，孩子就有自信，就会受到鼓励，加强了对这件事的兴趣。这样，孩子学习的正向循环（见图 6-1）就开始了，此时此刻父母就比较轻松了。

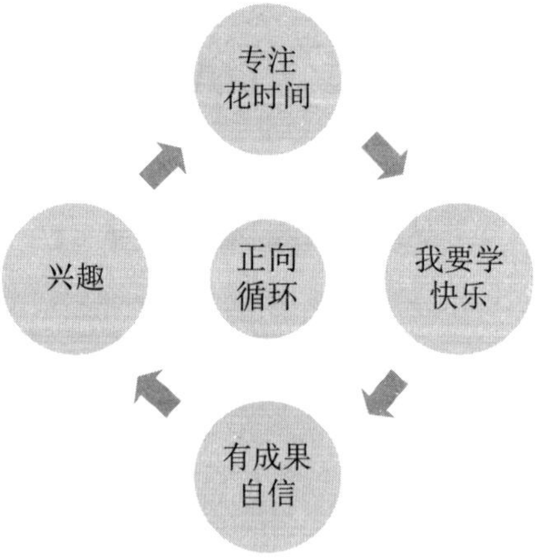


图 6-1 学习的正向循环

**负向循环导致放弃。**如果父母每天喋喋不休地尝试用说教、讲大道理的方式让孩子知道学习的重要性，或者用威胁、惩罚和羞辱孩子来教训孩子学习多么重要，孩子往往会反抗，以证明自己可以决定一些事情，如拒绝上学。父母说得越多，孩子越反感，加重了对学习的厌倦。如果孩子对学习厌倦了，上课就容易走神，那么考试不可能考好，如果考试考不好，老师和父母又会批评教育他。这样，孩子学习的负向循环（见图 6-2）就开始了，而且不断恶化，最后老师、父母和孩子都得到了一个准确的答案：学习是学不好的，放弃吧。

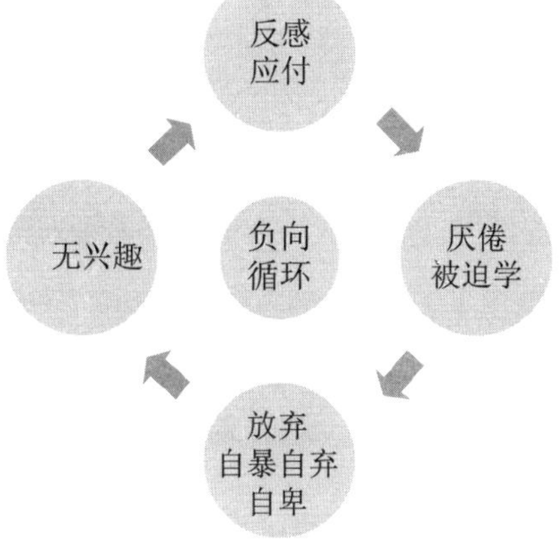


图 6-2 学习的负向循环

阿德勒个体心理学认为，母亲的角色可以修正遗传学带给孩子的可能性。任何一个孩子都有考高分的可能性，而智商等因素并不是影响孩子学习成绩的最关键因素。《儿童的人格教育》[1] 一书中阐明，学生是否专注于自己的学业，在很大程度上取决于他对教师的兴趣。促使并保持学生的专注，发现学生是否专注或是否能够专注，这是教师教学艺术的一部分。这

1　阿德勒 . 儿童的人格教育 [M]. 彭正梅，彭莉莉，译 . 上海：上海人民出版社，2015.

给予了我们很大的启发，孩子是否专注自己的学业，我们要参考孩子是否对老师感兴趣，而父母本身就是孩子最好的老师。

## 如何培养孩子的兴趣

### 父母要会发现孩子的兴趣

什么是兴趣？有没有一样东西让你忘记吃饭、忘记喝水、忘记睡觉，一直投入并享受其中？作为孩子的父母，有没有发现孩子乐此不疲地重复做一件事情？如果有，那么这可能就是孩子的兴趣，如果刚好是值得提倡的兴趣，那么父母要鼓励和引导孩子。想发现孩子的兴趣，父母需要做三件事情：

- 看一看，孩子短期内反复做了什么事情。
- 试一试，带孩子去现场看看，他是否喜欢老师？是否适应环境？
- 聊一聊，体验后，询问孩子有哪些感受。

### 父母要积极回应，这是对孩子最好的鼓励

举一个例子，孩子一直对数学很有兴趣，可是我们从未想过要培养他学奥数。直到有一天，孩子和我分享了一件事情。

孩子：“妈妈，今天数学老师出了一道题，我用自己的方法解决了，同学都说我在学奥数。”

妈妈：“妈妈很好奇，这是怎么发生的呢？”

孩子：“数学题是2015年是不是有闰月，我一看就知道没有。”

妈妈：“你怎么看出来的？怎么一看就知道没有呢？”

孩子："因为有闰月的年份要能被 4 整除，其实用 2015 年除一下就知道了，这是很多同学的方法，可是不快；有同学说 2000 一定可以整除 4，所以只要判断 15 能不能整除 4 就知道答案了。老师问：'还有别的方法吗？'我一眼就看出来 2015 年没有闰月。"孩子自信地看着我。

妈妈："你怎么一眼看出来的？"

孩子："因为能被 4 整除的数一定是偶数，2015 是单数。我说了我的方法，同学们就说我在学奥数，其实是我观察出来的！"孩子相当得意。

妈妈说："哇，你真该为自己骄傲，能跟我聊聊你现在的感受吗？"

那天我们很开心，做了很多类似的数学题……从那以后，孩子对难题充满兴趣，我唯一要做的就是像个小学生，不停地问："当时你是怎么思考的？你是从哪里发现这个规律的？你来说说当时老师、同学都说了什么？"父母若想引导孩子的学习兴趣，就要积极主动地回应孩子，这有利于孩子兴趣的培养。

【试过的 ABC】

父母对孩子行为的不同回应方式，直接影响孩子对一件事情的兴趣。我们从父母的态度（积极还是消极）、父母回应的方式（主动还是被动）两个维度来分析如何影响孩子的兴趣。

A．积极但被动地回应："你真棒！别人没有想到，你却想到了。"（一句话带过，不问细节和具体过程。虽然父母态度是积极的，但回应的方式是被动的，不再继续话题。孩子会有些兴趣，但兴趣没有得到彻底激发。）

B．消极但主动地回应："你这个思路就是碰巧对一次，别高兴过头了，考试时别东想西想，按照老师的要求老老实实地答题。”（父母很主动地谈解题，但是用了消极的态度，用否定、责备的口吻，表明可能出现不好的结果，让孩子感到沮丧，失去兴趣。）

C. 消极且被动地回应：“今天的作业你完成了吗？”（父母完全忽略和回避孩子的话题，只谈自己关心的话题。让孩子感到“我做得再好，父母也看不见”，失去兴趣。）

## 重在坚持，面对挑战，要有足够的耐心

这一步最难，父母鼓励孩子坚持，特别是刚刚开始的时候，两周后也是最容易放弃的阶段，孩子的新鲜感没有了，也会遇到一些小挑战。这时父母最好能用鼓励式教养中的攻略与孩子进行连接，如鼓励、特殊时光、关注问题的解决、小步前进……作为父母，我们要有足够的耐心来陪伴和等待孩子的成长。

## 6.2 孩子遇到不会写的字时不想写作文怎么办

二年级的孩子开始练习写作文，因为很多字不会写，查字典很麻烦，所以孩子都不太喜欢写作文。

**【第一现场】**

事情发生在嘟嘟二年级第二学期某个周四的晚上，因为周四要学英语，写作业的时间和睡觉的时间发生冲突。嘟嘟妈妈也有预感要发生什么，下班回家就看到这样一幕：孩子躺在冰冷的地砖上抽泣，时不时地用脚踢开桌子、椅子。客厅地上散落着书、卷子、文具盒、书包、东倒西歪的桌子和椅子。奶奶坐在餐桌旁，戴着老花镜，在帮嘟嘟查字典："我眼睛不好，看不到，等一下。"

**【试过的 ABC】**

A．把孩子骂一顿，告诉他："我们多么不容易，你怎么这么不懂事！"

B．把孩子打一顿，让他记住："这件事情你做错了，下次给我小心点。"

C．"宝贝，你知道哭解决不了问题，作业是你自己的事情，哭完了你还要自己做，起来吧。听妈妈的话，你已经上二年级了，还是男孩子，不可以随便哭。再说写作文这么小的事情，有必要哭吗？"

D．"要不这样，等你写完作文，我给你玩 iPad，今天奖励你玩 30 分钟，比平时多 15 分钟，怎么样？"

**·父母攻略·**

接纳和抚慰孩子的情绪，这比立刻去解决问题更重要。用引导式提问这个攻略，鼓励孩子自己找到解决问题的方法。这个思路的好处是所有的方法都是孩子自己想出来的，增强了孩子的自信。孩子通过这个过程学会甄别哪些是有效的解决方法，哪些是无效的解决方法。作为父母，只要静静地陪伴孩子就好。更重要的是，此举可以帮助孩子学习到“原来我自己可以找到解决问题的方法”。

妈妈：“看起来嘟嘟很伤心，一定发生什么事情了。我们先不管怎样，如果哭让你感觉好些，你哭一会儿。妈妈需要一个拥抱。”当嘟嘟妈妈伸开双手时，嘟嘟从地上爬起来，然后抱着妈妈开始大哭，几秒后就变成了抽泣，嘟嘟妈妈一直紧紧地抱着他，没有说话。

妈妈：“感觉好点了吗？能告诉我发生什么事了吗？”孩子不情愿地用眼睛盯着他的作文本。嘟嘟妈妈一下子就明白了，原来今天是他写作文的日子。

妈妈：“你愿意跟我说说发生了什么吗？”

孩子：“我不会写字，总是查不到。”提到作文他又开始哭。

妈妈：“我们一起来看看怎么解决这个问题？”

嘟嘟妈妈拿了一张纸条，在上面写上一行字并念道：“当遇到不会写的字该怎么办？”孩子就是孩子，嘟嘟觉得很好玩，开始来劲儿了。

孩子：“问妈妈。”（其实学校老师要求查字典，可是嘟嘟嫌麻烦。）嘟嘟妈妈在纸条上写上“方法一：问妈妈”。

妈妈：“还有吗？”

孩子："问奶奶，问爸爸，查手机，自己哭一会儿，在地上躺一会儿，去情绪冷却空间平复一下，停下来休息一会儿，查字典，可以写拼音……"

嘟嘟妈妈把所有写在纸条上的解决方法都放到一个透明的塑料瓶里。

妈妈："这是一个神奇的魔法瓶，当你遇到不会写的字时，选一张纸条，它会告诉你方法。"

孩子很兴奋，他重新打开作文本，把瓶子放在面前开始写作文。第一次差不多一分钟就遇到不会写的字，他快速地抽了一张纸条，上面写着"问妈妈"。妈妈很和善地告诉他这个字怎么写，并且留意到，在这个过程中，孩子似乎特别期待遇到不会写的字，态度与原来相比发生了很大的变化。果然他又抽了一张纸条，上面写着"哭一会儿"。

妈妈："那你哭一会儿吧。"

孩子："我哭不出来，能再抽一张吗？"

妈妈："当然可以。"他又抽了一张，上面写着'在地上躺一会儿'。

孩子："妈妈，这两个方法都不好，我可以把它们拿出来吗？"

妈妈："相信你的判断。"

最后，瓶子里剩下的方法都是有用的解决方法，该查字典就查字典，该写拼音就写拼音，整个过程很快乐。这个塑料瓶一直陪伴嘟嘟好几个月。

## 6.3 孩子粗心怎么办

在上小学阶段，孩子一定会遇到这样的问题：每次考试总是考 99 分、98 分……离 100 分总差一两分。一看卷面，发现不是孩子不会，而是粗心。

- 考了 99 分，列算式时答案是 300，写答案时写成 30。
- 考了 98 分，题目要求选出错误答案，看到第一个答案是对的，就填上了。
- 考了 99.5 分，口算 6 乘以 8，答案写成 40，任何时候你问他，他都会告诉你答案是 48。

类似的问题林林总总，大同小异。是孩子不会吗？不是。是孩子不懂吗？也不是。是孩子没有检查吗？也不一定。最后被统一归结为“粗心”。将不能考取 100 分定义为孩子“粗心”，家长就无法协助孩子做到“细心”。我们要具体问题具体分析，有时孩子“粗心”是学习习惯的问题，有时则需要家长教会孩子如何做到“细心”。

**· 父母攻略 ·**

源源妈妈发现，孩子几乎每次考试都是 95 分、97 分、98 分……就是不能考取 100 分，而孩子的自评无非就是“这题真不该错”“这次真不应该”。自我认识的态度是好的，但问题还是不断地出现。

有一天，孩子做完试卷，源源妈妈批改完后发现错了三个地方，都是非常简单的问题。孩子很难受，跟妈妈发脾气。他期望妈妈不要打叉，他改正，这样就不用改错了。

妈妈："看起来你很难受，一定想着自己可以全对吧？"妈妈说完源源就开始哭，于是妈妈抱着他哭了一会儿。孩子在沙发上冷静了一会儿，开始改错题。

妈妈："你从这次做卷子中学习到了什么？"

孩子："我想不出来。"源源明显带着一点情绪，很不乐意。

妈妈："你要不要试试在沙发上跳上跳下，这样会不会让你感觉好一点？"孩子真的在沙发上跳上跳下……

妈妈："相信你可以找到解决办法，我在这里等你，你跳过来时就告诉我一个你想到的办法。"源源妈妈发现他一边跳一边认真地思考。

孩子："我想到了。"

第 1 次跳过来时孩子说："看题目要勾画关键词。"

第 2 次跳过来时孩子说："做完要检查是否有空题。"

第 3 次跳过来时孩子说："两位数乘法一定打竖式草稿。"

第 4 次跳过来时孩子说："简单的题也要坚持检查。"

第 5 次跳过来时孩子说："复杂的题要打草稿。"

妈妈："你自己就找到解决问题的方法了。"

从源源妈妈和孩子的互动中，我们可以知道，父母应该帮助孩子通过自己的努力来克服困难，成为更好的自己。对于"细心"也一样，父母应引导孩子找到如何细心的路径（这里不是直接给方法），而不是简单地说"都是粗心造成的"。父母攻略就是立足感受，聚焦问题解决，跟进执行。

第 1 步：**立足感受**（Feeling），感受无所谓对错，区别于指责、批评和讲大道理。

第 2 步：**聚焦问题解决**（Solving），事情已经发生，过多地关注过去，只会让事情越来越坏，应该与孩子探讨下一次怎么做，让孩子自己去寻找解决问题的方法。孩子是很有力量的，他的方法有时会比父母想得更好。

第 3 步：**跟进执行**（Following Through），父母别指望与孩子聊一次，孩子就全部按照约定去执行，后期的跟进执行很重要。

## 6.4 孩子不断地犯同样的错误怎么办

我与很多孩子上小学的妈妈聊天，她们总是抱怨孩子的成绩怎么都无法提升，面对错题也不愿意改，一错再错。对于孩子来说，写作业是一件自己不喜欢但又不得不做的事情。

**· 父母攻略 ·**

改变不了现状，能否让写作业变得尽量有趣一点呢？为人父母的我们也许能做的是想一些办法，让孩子觉得学习是有趣且好玩的。

就孩子而言，他们是喜欢学习的。你是否发现，当遇到自己喜欢的乐高、迷宫、手工时，孩子可以不吃饭、不睡觉，全身心投入进去？孩子不喜欢学习，从某种意义上来说是父母与孩子在沟通方式上出现了问题或亟待提升。孩子天生是愿意学习的，只是在学习管理的过程中，父母给予了太多的压力。角色扮演是有趣的亲子互动方式，它能够帮助孩子巩固知识。以下是玲玲妈妈与孩子进行角色扮演的案例。

妈妈："宝贝，这道题老师怎么会批错呢，我找不到你错在哪里啊？"孩子非常开心地把头凑过来。

孩子："老师要求分两步写出答案，我直接一步写完，虽然答案是对的，但过程没有按照老师要求的写，所以只对了一半。"

妈妈："哦，原来是这样，谢谢你给我讲解。那这道题呢？我也没有看到错在哪里？"

孩子："那是因为题目要求先画横线再计算，我没有画横线。你看到题目要求了吗？"孩子就像老师一样，自信地给妈妈讲解为什么错和错在哪里。

妈妈："哦，是呀，难怪你的答案对却没有得到满分，原来没有按照题目要求做，你在这里学习到什么？"

孩子："一定要看清题目要求，用笔画出关键词。"

妈妈："你自己就找到了解决问题的方法。"

玲玲妈妈一页一页地翻着练习册，孩子就像一位小老师，很开心地讲解着题目，每次讲完，玲玲妈妈都做顿悟状，然后鼓励她。最后，玲玲妈妈说："谢谢你的耐心讲解，我今天学习到很多。"

我想即使孩子不抄错题，也会从中学习到很多。也许你会说这个方法太简单，其实未必。

1．在传统的教学中，大多时候家长是讲解者，孩子是接受者，孩子总是被动地接受知识。家长在讲解题目时，虽然答案是对的，但是不一定符合学校教学的具体要求，所以家长讲解不是最好的方法，让孩子讲能够进一步巩固知识，即教是最好的学。

2．家长在讲解时往往带着情绪——指责、轻视、不耐烦——"这么简单你都错！""这道题错了好几次了，怎么还错！"即使家长嘴上不说，孩子也可以感受到。退一步讲，在讲解的时候即使家长很平静，但这一过程以家长为主，无法激发孩子主动学习的内在动力。孩子可能觉得"反正妈妈都知道，不懂就问她"。

3．在这个过程中，家长扮演的是引导者的角色，能够帮助孩子厘清思路，找到问题的症结，为下一次克服困难做好准备。同时，当孩子讲不清楚时或对知识点模糊时，家长仍然可以通过提问的方式与孩子互动，再次清晰梳理知识点。

4．角色扮演就是让孩子来当家长，让家长来做孩子，这其中会发生很多神奇的事情。这样做还可以培养孩子的以下能力：让孩子从错误中学习，并且让孩子知其然知其所以然。让孩子感受到价值——“我能行”。鼓励孩子参与，互动效果更好，也让学习变得有趣且好玩。

## 6.5 孩子非要我帮他写作业怎么办

此刻，孩子平静地坐在桌子前写作业，而我安静地坐在他的旁边看书，在他需要帮助时才给予帮助。可是之前并不是这样的，我特别想分享这个案例给大家，因为有时候真的不知道该如何去面对孩子写作业这个问题。

**【第一现场】**

贝贝哭着说："你别说话，别说话，我自己冷静一下。"贝贝冷静的方式让我特别心疼，他努力让自己冷静下来，我能感觉到他用了自己全部的力气，可是我不知道如何能够帮助他释放现在的难受、痛苦或压力。

我只有不停地说："你到底要我做什么，才会让你感觉好些？"我知道这样说无用，因为我的情绪已崩溃，说话的语气语调听起来很难被接受，含着无奈、指责和不知所措。

无论如何都不能代替孩子写作业，这件事情一定要坚定到底，第一次替他做，那么以后呢？难道可以去考场代替他考试？想不到更好的办法，只能选择暂停，至少不能让事情变得越来越糟糕，于是我说："现在我感觉很糟糕，我需要冷静，等我们彼此感觉好一些再聊聊，你准备好了随时都可以找我。"

对我来讲，写作业仍然是一件极具挑战的事情。自己践行鼓励式教养，还讲授鼓励式教养，不代表每次辅导孩子写作业都是开开心心的，一点挑战都没有，我也和大家一样感到崩溃。

**·父母攻略·**

妈妈："贝贝，你感觉好点了吗？"

孩子："嗯。"通过刚才的彼此冷静，孩子也平静下来，只是当我再坐到他面前，再提起作业时，他又有点委屈地想哭。

妈妈："妈妈需要一个拥抱。"他主动地走过来，我把他抱在怀里，他自己拿纸巾擦掉眼泪。

妈妈："妈妈感到很难受，因为我注意到贝贝刚才自己很努力地让自己冷静下来，我希望我们能一起想想，贝贝写作业时，妈妈做些什么可以协助你更好地完成作业？"

孩子："我写作业的时候，你不说话就行！"这句话给了我当头一棒，原来我太唠叨。

妈妈："还有吗？"

孩子："你只要坐在后面看书，我不会的时候你帮助我一下。"

妈妈："好，谢谢你告诉我你的想法，那我们现在就开始。"

于是我坐在他后面看书，他需要我的时候我才说话，这样的过程我们持续了很长时间。现在，我不是坐在他后面，而是坐在他旁边。孩子已经上小学六年级，这件事发生在他上小学二年级的时候，如今我回想起来依旧感触颇深。

经历过这件事情，可以给到父母以下一些建议：

1. 如果孩子写作业有困难，父母要心平气和地与孩子沟通，问孩子这样的问题："宝贝，妈妈做些什么可以让你更好地完成作业？"因为孩子对父母的期望和父母自己的理解往往不同，而孩子的要求对父母而言往往是举手之劳。

2. 如果双方都接受解决方案，那么从现在开始就试着做做，看看效果如何。

3. 任何时候都不要替孩子做孩子自己必须去做的事情，比如，写作业就是孩子自己要去面对的事情。千万别因为孩子哭，父母就心软，而是应该冷静后尊重地与他探讨怎样来解决这个问题。

世界上最远的距离，不是孩子在西半球，父母在东半球，而是父母给予的不是孩子需要的，孩子需要的父母却完全不知道。一个引导式提问“宝贝，妈妈做些什么可以帮助你更好地完成作业”，让父母靠近孩子并且一起来努力克服困难。世界上最冷漠的爱是“孩子，我都是为了你好”。这句话将父母一切的过错都变得那么理直气壮，真正的爱应该是尊重和鼓励。

## 6.6 孩子不写作业非要玩 iPad 怎么办

在养育孩子上，父母最大的痛苦莫过于孩子喜欢上了 iPad，对自己的忠告完全听不进去。即使把 iPad 砸了，孩子依然喜欢 iPad。有时父母无法理解，为什么我亲爱的孩子对待游戏能做到“不抛弃，不放弃”，不断地练习和攻关，而在写作业过程中遇到一点点不会做的题就开始哭哭啼啼，要赖发脾气？父母此刻多么期望孩子能发挥对待游戏的“不抛弃、不放弃”精神。更让人无奈的是，父母已经尝试了所有能用的方法，而孩子仍旧沉浸在自己的游戏世界里，对父母的辛苦付出视而不见。

**【第一现场】**

暑假刚刚过去，开学第一周昊昊妈妈就遇到这样的难题。那一天，孩子放学写作业，作业不是很多。昊昊一直说：“妈妈，我热，我热。”看到他很热的样子，妈妈就帮他把长袖换成短袖，短袖换成背心……倒腾了很久，可昊昊还是觉得热、热、热……

突然昊昊妈妈意识到这不是热的问题。这样的场景很熟悉，昨天也是这样。再次看到这样的场景，昊昊妈妈显然被激怒了，说：“你到底要怎样才能完成作业？”孩子大哭。

昊昊妈妈失去了所有的耐心，冷冰冰地说：“你要不要去情绪冷却空间待一会儿？”（没有连接的语言效果自然不会好。）孩子说：“我已经去了 15 次，没有用。”天哪，孩子自己已经完全没有办法进行自我控制了。

昊昊妈妈想来想去其实就是孩子想玩 iPad，孩子也明明知道现在没有完成作业肯定不能玩，之前也与爸爸约定，开学了就不再玩 iPad 了。游戏会让人上瘾，就像烟瘾、毒瘾。看着孩子在地上打滚，嘴里喊着："热，热……"昊昊妈妈估计这是昊昊染上了 iPad 的瘾。

此刻昊昊妈妈告诉自己要冷静，拼命地寻找脑中的攻略。她说："妈妈感觉很糟糕，需要冷静一下，等我们感觉好的时候再来聊聊。你先不要写作业了。"然后妈妈回到自己的房间。

**·父母攻略·**

当昊昊妈妈平静时，她想到了更多有用的办法。

妈妈："看起来昊昊真的有点热，才脱完衣服还是会感觉到热，我注意到昊昊这里很热（把手放在他心的位置）。"孩子哭着点头。

妈妈："妈妈需要一个拥抱，应该跟你说对不起，刚才不应该大声说话，而是应该告诉你我的感受，特别是当你提醒我时，我仍旧没有发现我在大声说话，我为对你的不尊重带来的伤害而道歉，现在我们一起来看看怎么办？怎么可以不玩 iPad 但仍旧可以玩游戏？"在昊昊妈妈提出这个问题时，她自己都没有答案。昊昊终于安静下来，关注到问题的解决方案上。

孩子："妈妈，我们可以发明一个游戏。"

妈妈："听起来这个很有趣，我们怎么做？"

于是孩子找来很多物品：书包、鞋子、球、储蓄罐……在地上七七八八放了很多。他让妈妈帮他用纸做了很多圈圈，自己则找来纸片，根据距离，在每个物品上写上积分。原来昊昊要和妈妈一起玩一个套圈游戏。游戏规则也是孩子定的，每人 10 次，把所有的积分都加起来，计算也是昊昊的事，两个人玩了很久。接下来几天，每天都玩，爸爸也加入，奶奶也加入。

昊昊再也没有惦记 iPad，事实上这也锻炼了孩子加减混合运算的能力。后来昊昊和他的姐姐又发明了一个更为复杂的游戏，每次都玩。昊昊妈妈一直很喜欢这个手抄游戏创造本，它帮昊昊度过了十分艰难的游戏上瘾的时光。

# 第 7 章

# 成为智慧父母的攻略

# 7.1 父母如何面对育儿的焦虑

不完美才是最好的成长，挑战的背后孕育着机会！

——贝妈

今天早上孩子说："妈妈，你一定要第一个来接我！不要到最后才看到你。"于是，离放学还有 10 分钟，我终于抢到等候区最前面的位置。我手拿手机，凝视着视频中的孩子端起不锈钢碗，把饭夸张地刨进嘴，把桌子上的饭粒细心地捡起来……内心充满了感动和欣慰，孩子是如此快乐、纯真，几乎完美。我想要马上见到孩子，听他对我说在幼儿园过得怎样，那几乎是我一天中最美妙的时刻！明明妈妈打断了我的自我沉醉……

"看，这是我家明明春节写的对联！"明明妈妈用手机向我展示明明的作品。"真没有想到孩子这么有潜力，才 5 岁居然写得比我还好。"我忍不住把头凑上去夸奖孩子。说实话，明明虽然上幼儿园大班，但是写了一手好字。明明妈妈讲述着自己如何让孩子坚持，老师有多出名，特意参加一对一辅导班……我嘴上夸着明明聪明能干，其实心里惦记着我家宝贝，他现在连自己的名字都写得跟鬼画符一样。不知道为什么，刚刚那一刹那间的幸福和感动消失不见了，焦虑陡然剧增。

那一天回家，我跟孩子的爸爸说，要不我们给孩子报一个书法班吧，你看他总要上小学，写一手好字很重要。于是，孩子就有了一个兴趣班。

事情远远没有那么简单。孩子幼儿园圣诞节让小朋友表演节目，邀请家长来观赏。当我坐在观众席，看到住我们家楼下且与孩子同班的小女孩用双语主持节目时，心里挺不是滋味，因为我的孩子，别说英语，上台说话都难。同一个学校、同一个班级、同一个老师，学生怎么差距那么大？后来我才知道，这个小女孩很小就在上小主持和英语的兴趣班。回家我又跟孩子的爸爸商量，要不要给孩子去学主持和英语，大人生活节约一点，也不能让孩子输在起跑线呀！

多少父母都有类似的经历，当把孩子放在眼前时，孩子几乎完美。可是与周遭稍一比较，孩子的优点就微不足道，反而是一大堆缺点，甚至我们会忽视每个孩子的独特成长规律，过于片面地追求“完美”！这样的心理效应会在顷刻间改变我们的育儿观，让我们焦虑、不安和矛盾，乃至失去方向，忘记孩子本来的成长样貌。

授课多年，我面对的家长从 60 后、70 后到 80 后，又到现在的 90 后，父母总期望有一个无所不能、完美至极的孩子。虽然理性地知道“完美”的孩子少之极少，但父母的行动、对未来的焦虑，总是有意无意地把孩子往这个方向推进。每对父母心里都有一个“别人家的孩子”，每个孩子都有一个“别人家的孩子”陪伴成长，而“别人家的孩子”的名字随时在改变，只要需要，能信手拈来一个很有用的“别人家的孩子”。父母期望能激发孩子的斗志，培养孩子克服困难的勇气。激将法对少数已经准备好的孩子会有效果，但对多数孩子来讲，只会造成更多的压力和不公平，甚至叛逆和伤害，引发更多的自卑感。

孩子与孩子之间的比较，几乎是所有孩子在童年永久的痛，但一代又一代，这样的方式被周而复始地运用。当我们看到其他父母将自己的孩子与“别人家的孩子”比较时，总觉得那么糟糕，但面对自己的孩子时，却又觉得理所当然。父母总是期望自己的孩子“完美”，以致不断地更换“别人家的孩子”。当孩子健康时，渴望他成绩好；当成绩好时，渴望他运动好、才艺好；当所有都好时，渴望他孝顺、听话……当父母的爱附加太多父母自己的诉求时，爱就变得沉甸甸。爱绝对不是只喜欢孩子优秀的一面，而不允许甚至拒绝孩子的缺点和不足。

我所倡导的鼓励式教养中，为人父母的我们要有勇气接纳孩子的不完美。有一个事实：孩子一旦出生，无论你有多么不满意，孩子是无法更换的。他既不属于父母，也不会替父母去实现其未完成的梦想。他就是那个独一无二的自己。在鼓励式教养中，我们完全不建议孩子与孩子之间进行比较，哪怕是自己的两个孩子之间的比较都不建议，有时是父母自己加剧了同胞竞争。在大多数情况下，我们是拿自己孩子的缺点跟别人家孩子的优点进行比较，孩子越来越自卑，家长也越来越沮丧。在养育孩子的过程中，如果你一定要比较，我们建议与孩子的过去进行比较，与孩子的昨天进行比较，哪怕一点点进步，都值得鼓励。

接纳孩子的不完美，为人父母的我们的确需要很多勇气，因为在现实生活的历练场中真的很不容易做到。如果孩子就是现在的样子，我们能接纳吗？我想无论你的答案是什么，孩子就是现在这个样子，父母应该聚焦如何帮助他成为更好的自己。如何从理论上的“知道”到现实生活中的“做到”，要带着勇气去行动。练习、复盘、记录、分享等都是有效地从“知道”到“做到”的方法，在过程中修身自己，也成就孩子。

## 关注孩子的优点而非缺点

孩子上小学后，父母基本拿着放大镜看孩子的缺点。事实上心理学研究表明，一个孩子大部分是优点，很少一部分是缺点。当父母把孩子的缺点无限放大时，孩子与父母之间的对抗也随之而来。父母越关注孩子的缺点，未来孩子的缺点占比就越大，最终父母会“心想事成”。日常养育中要多关注孩子的优点而非缺点，更不能放大缺点。因为不完美才让我们有成长的空间，在不完美中不断地修正自己。不完美才是最好的成长，挑战的背后是机会！

我常常问学员：“身为父母，目前最让你觉得头疼的问题是什么？”不出所料，学员都会给我一串长长的清单，看完之后，感觉做父母是天底下最难的事情，养育孩子太挑战自我了。

无论你的孩子现在年龄多大，现在想象一下，让我们把时间拉长到 10 年后，15 年后，孩子已经成为 20 多岁的年轻人。此刻，如果你愿意，可以多停留一下，感受一下当孩子长大成人后，你可以喘息的时刻。今天就是他回家来看你的日子，门铃已经响起，只要打开门就可以看到这个年轻人。请想象一下，你期望他成为一个怎样的年轻人。

我猜，一定有很多答案。多少孩子会拥有那么多我们认为应该拥有的品质呢？少之又少吧！如果你的孩子拥有 5 个优秀品质，那么你已经是了不起的父母了。当放弃培养一个完美的孩子的时候，会让我们感觉轻松。让我再来问问：孩子长大后拥有的优秀品质是从哪里习得的呢？不言而喻，不是在家里就是在学校里。假如目前父母最担心的是孩子的拖沓行为，如果帮助孩子克服拖沓，猜猜孩子会学到哪些优秀的品质，可能会更加自律、有责任、独立、自信……是的，孩子是在家里经历这些事情，克服困难后，这些经历才成为孩子重要的人生经验，才会拥有这些优秀的品质。每个挑战背后都蕴藏着培养孩子优秀品质的机会!

## ● 父母小行动，孩子大改变 ●

### EP 父母练一练

1. 作为父母，你期望孩子未来拥有哪 5 个优秀品质？

2. 关注优点的练习。

A. 请列出孩子的 10 个优点。

B. 请列出自己的 10 个优点。

C. 请列出你爱人的 10 个优点。

3. 问问在孩子的成长中需要妈妈做什么？问问先生，妻子怎样做会让他觉得娶她是幸福快乐的？

4. 写下你对本章的阅读收获和打算迈出的一小步。

A. 我的阅读收获：

B. 我打算迈出的一小步：

5. 记录践行本节理念的一个小案例。

## 7.2 父母需要教会孩子重要的事情

有一年，我在乌鲁木齐上课，与朋友一起吃晚餐，朋友带着自己 6 岁的孩子。大人们聚会，小孩子总是索然无味，我总会花一些时间与小孩子互动。一切都很美好，主客皆欢，朋友一定要送我回酒店，我也没有谢绝。一路上与小孩子聊天，虽然记不得聊什么，但只知道彼此都很开心。当我跟他说再见时，小男孩大哭。这一哭让我这个“育儿专家”也手足无措，刚刚还开开心心，怎么一说再见就大哭呢？当我问他时，他说：“不想你走，不要你住酒店。”我说：“那我住哪里呢？外面这么黑。”他说：“妈妈，让贝妈住我们家，不要她住酒店，不要贝妈走……”

这真是我第一次听到这样的答案，邀请我晚上住他家里。小男孩很可爱，不过我有点无助。也许你会认为我是一名讲师，有处理这些事情的丰富经验。对不起，那个晚上的结局是，朋友摇上车窗，伴着孩子撕心裂肺的哭声将车快速驶离……那一晚我一直在思考自己做错了什么，直到疲惫的我进入了梦乡。回家后的兴奋让我将此事淡忘。

直到我再次学习阿德勒个体心理学，当学习到虚构目标时，老师让我们看了一部 2002 年上映的希腊电影《童年旧事》。这部电影节奏很慢，有点冗长，却是一部了解阿德勒个体心理学的经典影片。最后的字幕是：“父母教会我们很多正确的事情，却忘记教会我们重要的事情。”

之后我与朋友聊天，表达这部电影给我的触动。他说：“贝妈，讲了那么多次课，那么多妈妈信赖你，那么我们应该教会孩子哪些重要的事情呢？”那一刹那，我竟然无法回答。

是的，应该教会孩子哪些重要的事情呢？我们通常只教会孩子事情的一面，而忽视了其他面：

- 妈妈，你教会我“遇见”，却忘记教会我“告别”！
- 妈妈，你教会我“竞争”，却忘记教会我“合作”！
- 妈妈，你教会我“成功”，却忘记教会我“如何面对失败”！
- 妈妈，你教会我“助人为乐”，却忘记教会我还要“保护好自己”！
- 妈妈,你教会我“分享”,却忘记教会我“自私”也是分享的一部分！
- 妈妈，你教会我“努力”，却忘记教会我还要“照顾好自己”！

我突然明白朋友的小孩子送我回酒店时撕心裂肺地哭且让我住他家里，是因为我教会他如何快乐地与他人相处，却忘记教会他如何“道别”。

我小学时外公去世，直到现在，每每有人去世时，我总要求先生陪在我身边，虽然我已经不再是小学的我，但是依旧没有做好“告别”的准备。因为在过去的生命经验中，我的父母从未说过这件事。我不是指责我的父母，我只是想说，我的父母一定以为这是我本来就应该知道的事情，就像睡觉、吃饭一样，是常识。可是亲爱的爸爸妈妈，恰恰是那些被我们忽略了的所谓常识，让我们在真正面对时变得如此脆弱和不堪一击，远远比想象中脆弱。

这让我想起另一件事。在台北，同学约我一起去聚餐，因为第二天我们要各自回到自己的城市了。其中一位妈妈带着一个 4 岁的可爱女孩，吃饭的时候刚好坐在我的旁边，我跟她相处得特别好，她很喜欢我。我知道，需要跟她有一个“道别”的仪式。在电梯里，我跟她说了这样一段话：“你知道吗？今天你该为自己骄傲，你不仅帮我记住了地铁的车站，而且还独自走完了全程。贝妈谢谢你与我一起度过了快乐时光。现在，我要把你的手交给你的爸爸，你的爸爸妈妈会像我一样鼓励你、陪伴你，你们是一家人。明天你要回你自己的城市，而我也要回自己的城市，也许未来我们不一定会再见面，但如果你来我的城市，我会很欢迎；如果我去你的城市，也会联系你。现在要跟贝妈道别，要说什么呢？”

她看着我，有点不舍，但紧紧握着爸爸的手，像个大人一样说：“贝妈，再见。”我说：“再见，宝贝！”当走出电梯时，我也松了一口气。

李白曾说：“挥手自兹去，萧萧班马鸣。”在我们成人的世界中，“道别”如此伤感，更何况是孩子。如果父母有余力教孩子事情有很多的可能性，那么孩子在未来的日子里，方可直面生活，心不被束缚，拥有不悔过去、不惧未来的幸福人生。

# 7.3 妈妈如何鼓励爸爸参与育儿

贝爸带娃的故事是一部“伤心史”。记得孩子刚出生时，贝爸父爱泛滥，每天跟孩子腻在一起，不停地说：“给我和儿子照张相吧。”但当时他是竖着抱孩子，被全家人数落了很久。于是每次贝爸抱孩子之前，总有人提醒，要横着抱。孩子稍大会慢慢走路时，贝爸也喜欢跟孩子玩。他把孩子抛向空中，然后接住孩子，逗得孩子咯咯地大笑。但是，每每这样的举动，都在家人惊恐的叫声中喊停。当孩子学骑车时，贝爸把三个轮子变成了两个轮子。孩子在院子里练习，贝爸居然偷偷地放手。孩子失去平衡，重重地摔在地上后大哭，裤子破了，腿也肿了，回家又少不了被说带娃不用心。

我出差，家里没有人带孩子。贝爸带孩子去吃肯德基，因为之前孩子在咳嗽，吃完肯德基后症状更加严重，那一晚，贝爸很受伤。贝爸独自照顾孩子，中午睡觉时孩子把被子蹬掉，而贝爸在打游戏，结果孩子感冒了，那一次贝爸还是很受伤。父子俩去农家乐玩水枪，孩子全身上下都湿透了，看到贝贝发抖，全家人开始数落贝爸，贝爸依旧很受伤。总之，贝爸在我们眼中是不太适合照顾孩子的，因为只要他单独照顾孩子，总会发生很多意外。

记得孩子 8 岁时，我们全家回杭州老家。我要完成三天课程，意味着贝爸要单独带娃三天，还要帮助辅导孩子作业等事情。作业很特别，制作一张小报，一共有四个版面：叙事版、爱国版、民生版和新闻版。因为难度大、任务重，所以孩子非常讨厌写作业。贝爸任务极其艰巨，除了作业，还要照顾孩子饮食起居，打发时间，同时贝贝有点咳嗽。

第一天我回到酒店，意外发现贝贝在安静地做作业，已经完成新闻版和民生版，孩子很开心。我鼓励贝爸："你该为自己骄傲呀，一个人带了贝贝一天，还那么高效。"贝爸说："这还值得骄傲呀？！"表面看着没当一回事，其实他心里美滋滋的。

第二天我回到酒店，发现房间没有人，打电话才知道原来他们俩在西湖边散步，贝贝幸福地说，自己去了好多之前没有去过的景点。他们绕着西湖走了两个多小时，还给家人买了特产。一路上贝贝讲如何野外生存，父子俩很和谐。我问到作业，居然有质量地全部完成。

第三天依旧让我很吃惊，他们居然准时在我上课的楼下等我，行李收拾得与来时一样。

从这次经历中，我总结出妈妈如何鼓励爸爸带娃的几点经验。

1．爸爸带娃，妈妈要少唠叨，最好管住嘴巴。妈妈都不放心爸爸带娃，在离开前，妈妈通常会列一个清单，把每件事情交代得清清楚楚、仔仔细细，这样自己才放心。时不时在外面电话遥控："怎么样了？出状况没有？记得给他吃药！"爸爸觉得很烦，认为妈妈不信任自己。妈妈终于回家，发现自己"心想事成"了，如之前所料得一样糟糕。最后妈妈得出一个结论：娃只能自己带。其实，爸爸天生会带娃，孩子也是他的，怎么可能不用心照顾？妈妈要管好嘴巴，学会放手，给爸爸一个空间，让他按照自己的方式去跟孩子交流。

2．爸爸带娃，妈妈发现爸爸的优点并及时鼓励。妈妈通常很少鼓励爸爸，只会找哪些地方出状况了：有没有准点喂药？孩子有没有及时吃饭、做作业？其实即使妈妈自己带孩子，也不一定是完美的。我相信绝大部分爸爸是尽心尽力的，可是妈妈总关注到那5%的不足。看重不足的5%，就意味着放弃爸爸95%的优点。妈妈要多鼓励爸爸做得好的地方。

3．爸爸带娃，妈妈放松。妈妈把所有的事情都做了，造成大部分爸爸没有单独带娃的机会，妈妈应该适当创造一些机会让爸爸带娃。妈妈要好好地爱自己，可以跟爸爸说："我需要你的帮助，我要去听贝妈的鼓励式教养课程，成为一个更好的妈妈，你能在周末帮我带一下孩子吗？"这只是跟大家开玩笑，我相信生活中有很多类似的机会。

## 7.4 妈妈如何照顾好自己

### 尊重自己从爱自己开始

一位把二宝送进幼儿园的宝妈诉苦道："我最想做的事就是一个人旅行，不带孩子，不带先生。"我很是不解，孩子与爱人本是她最重要的人，怎么会喜欢一个人旅行呢？她说："难道女人真的只能委屈自己，成全孩子吗？"这句话道出太多妈妈的心声：自从孩子出生，没有好好睡过安稳觉，没有痛痛快快地逛一次街，更没有夜生活。无论是全职妈妈还是职场妈妈，似乎比爸爸更为尴尬。

如果把我们自己比作一只盛水的杯子，经过一个晚上的休息，杯子装满了水，身体充满了能量。但是，白天面对着闹着不愿上学的孩子、指责你没有管好孩子的老师、向你倒"垃圾"的闺蜜等，这些都让你不断往外倒水，以至于一天下来殚精竭虑。等到孩子回家，你辅导作业时，已经是填满火药的罐子，顺理成章一点就着。如果你遇到那么多令人沮丧的事情，但仍能照顾好自己来消化这些负面情绪，那么在辅导孩子作业时是否会多一些耐心呢？

孩子不是我们的全部，爱人也不是我们的全部，无论如何都需要有属于自己的一部分时间和空间。我们需要给孩子高质量的亲子时光，也需要给爱人高质量的甜蜜时光，其实 ABCD 陪伴攻略中还有第三层含义，就是给自己独处的时光。

在正面管教的课堂中，有一个我非常喜欢的体验活动：

1．如果不需要花钱，你最想做什么？给自己多些时间思考是值得的，千万别急着往下看。如果你觉得很难或不知道怎么回答，那么跳过这个问题直接到第 2 个问题。

2．如果需要花钱，你最想做什么？这个问题简单一些，把你想到的都列出来。

3．如果不需要花钱，你最想跟家人做什么？如果你觉得这个问题不知如何回答，那么直接开始第 4 个问题，可以最后完成这个问题。

4．如果需要花钱，你最想跟家人做什么？

平时我们没有时间考虑这些问题，不急着往下看，在此花时间是值得的，请认真地写出答案。我在回答第 3 个问题时，想了半天都没有答案，如果你有跟我类似的感受，真的要恭喜你，这个活动将带给你很多感悟。

在问第 3 个问题时，我听过一些答案：散步，睡到自然醒，一起晒太阳，阅读时光，围在一起看电视，一起吃一顿饭，打扫卫生，做游戏，开一个家庭演唱会，听妈妈讲小时候的故事，一起看相册……当我听到这些时，我问自己："你那么努力，那么拼命，那么忙，到底是为什么？"在记忆中，我和先生带孩子散步时，一只手就能把孩子提起来。可是现在用尽全力，双手都很难提起孩子。多久没有与家人一起散步、聊天了？多久没有在一起做家人都喜欢的事情了？多久没有听到家人开怀的笑声了？如果第 3 个问题写了答案，请合上本书与家人一起做。每天完成一个心愿，让爱和温暖回到身边。第 4 个问题里的事情，我知道你为什么没有做，因为需要花钱。可是，太多的事情是“树欲静而风不止”，有些人等不起。所以请把这些事排上日程吧，在这一年内让它变成现实。

第 1 个问题是关于你自己的，没有什么可以犹豫的，从今天开始，专门安排时间，给自己照顾自己的机会。唯有你装满爱之杯里的水，才有更多的能力照顾其他重要的人。第 2 个问题，我也知道为什么迟迟未实现，因为要花一笔不小的开支。可是你那么努力，那么勤奋，你值得拥有，就当这是一个好好爱自己的时刻。这个世界上有一件事情很明了：人生是一场单程旅行，若到了旅程的尽头，回忆中都是“如果当初……”那实在是一种遗憾，一种不可逆转的遗憾。

可以与你最亲近、最重要的人一起做这个练习，各自回答自己的 4 个问题，然后互相交换，看看能否通过彼此的努力，让生命中最重要的人实现各自的小心愿。

照顾好自己，如同坐飞机起飞前的安全提示：如果出现紧急情况，请先给自己戴上氧气面罩，再帮助身边需要帮助的人。生命面临危险时如此，日常生活中更需要这样。尊重自己从照顾好自己、爱自己开始。

**增慧自我，止于但是**

记得我第一次直播时，全国有 30 多万个爸爸或妈妈在线看视频，我也有幸被评为该直播平台史上最具人气的主播。一位朋友问我：“很想看直播，怎么看？”我说：“要下载一个 App。”于是顺手将 App 推荐给她。

直播那天晚上，因为人数众多，好多妈妈因为系统卡死而被挤出直播间，好在妈妈们都很有耐心，一小时一直与我一起坚持，之后系统就通畅了。因为直播反响极大，朋友又给我发了一条信息：“下载了 App，还是没有看到。”我回复：“实在对不起，需要成为会员才能收看，我可以给你发一个链接。”朋友说：“但是，成为会员要花钱！”

我知道，当人们一说“但是”，那么就关闭了一扇门！想一想，在过往的时光中，是否有很多事情想要去做？是否有很多地方想要去转？是否有很多梦想想要去追？但是，你都没有去做、去转、去追？因为我们常说“‘但是’我没有时间”“‘但是’我没有钱”“‘但是’这不可能实现”。

“每天都想好好陪陪孩子，但是我一天工作真的很忙”。“每天都想好好跟孩子说话，但是这个孩子才 5 岁就学会了撒谎”“每天都想好好地看书，但是一看书就头疼。”“每天都想去运动，但是坚持不下去。”“我希望开间咖啡馆，但是我没有钱呀。”“我希望自己去国外看看，但是我不懂英语呀。”“我希望自己成为像你那样的人，但是我什么都不懂！”我们总把自己弄得很复杂，一边把自己装成特别有想法，特别有梦想，特别好学……一边把“但是”当作不行动的借口。

**用“怎样”代替“但是”**

- 每天都想好好陪孩子，但是我一天工作真的很忙。

  怎样可以在很忙的情况下陪孩子呢？

- 每天都想好好跟孩子说话，但是这个孩子才 5 岁就学会了撒谎。

  怎样可以让我心平气和地与孩子沟通呢？

- 每天都想好好地看书，但是一看书就头疼。

  怎样可以让我喜欢上看书呢？

- 每天都想去运动，但是坚持不下去。

怎样可以让我坚持运动下去呢？

- 我希望开一间咖啡馆，但是我没有钱呀！

  怎样可以让我不出钱也能成为咖啡店的老板呢？

- 我希望自己去国外看看，但是我不懂英语呀！

  怎样可以懂英语呢？

- 我希望自己成为你那样的人，但是我什么都不懂！

  怎样可以成为你那样的人呢？

当我们用“怎样”代替“但是”时，如同打开了一扇门，走上了一条从未走过的路。还记得小时候的你吗？你看见了就去抓；你跌倒了会再爬起来；你不懂就会问；你不怕错误，不怕失败，对一切都充满好奇、保持耐心、勇于探索……那时候的你学得很快，成长得特别快。我想说，你完全可以决定自己的生活、成长和人生，而“但是”是实现梦想的绊脚石！成长，止于“但是”，始于“怎样”！

我猜，在阅读本书时，你有很多理由会说“但是”；在践行 30 个攻略时，你会遇到很多“但是”；在做复盘练习时，你同样会遇到很多“但是”，我相信你不会再跟以前一样，你会选择用引导式提问的“怎样”“如何”来击败“但是”。

家庭是一个复印机，父母是原件，孩子是复印件。身教大于言教，用勇气克服“但是”的过程，是增慧自己、修身自我、成就更好的自己的过程。我相信孩子会从父母身上学到这些，同时也成就了孩子成为更好的自己。赋予我们、赋予孩子爱与鼓励。看见人生更多的可能性，让爱与鼓励伴我们一生。

# 后　记

2014 年 5 月 7 日我写下了本书的第一部手稿，而后 5 年 1800 多个日子里我持续原创写作，记录了约 50 万字，本书的素材就来源于此。

这是一本与众不同的书，想给您带来别具一格的阅读体验：您可以从任何一章、任何一节开始阅读，都不会打乱您阅读的逻辑。为了满足您这样的阅读体验，我对书的大纲近乎苛求。仅仅课程大纲就有很多故事，您看到的目录是第 17 次推敲后的提纲。第 1 个提纲写了近 3 万字，2 周后有了第 2 个提纲，写了 1 万多字，但无法达到预期的阅读体验。而后，整整一周我列出了 10 多个提纲，每个提纲少则几千字，多则上万字，好几次从夜晚写到天空泛白而浑然不知。几经曲折，反复修改后才是您现在看到的样子。

写书的日子与其说是虐心，不如说是痛并快乐着。本以为授课多年，写文章上千，一讲话滔滔不绝，写书怎会是难事？过程中独品满腹经纶却不知该如何呈现的苦恼。体验过坐飞机、赶火车、接孩子、走路散步、吃饭睡觉时，满脑子都是如何构思的心流。体验过才思枯竭、一日一字的艰辛。作为一个自由职业者，反而没有闭门写作不问世事的大段时间。一边经历着奔波各地的授课培训工作，一边经历着作为六年级孩子的妈妈，因作业、考试、兴趣班和生病等满地鸡毛……每天晚上十点后安静写作的时光些许有诗和远方的感觉。

从2018年11月开始，本书辗转于成都、杭州、温州、合肥、重庆、厦门、乌鲁木齐、银川、淄博和哈尔滨等10多个城市，如同一个如影随形的朋友，与我亲密无间，心与心碰撞。书的初稿在成都飞往哈尔滨的航班上敲下最后一个字，我特意拉开遮阳板，思绪着我在祖国哪个城市的上空。那一刻窗外晴空万里，我掏出手机，按下快门，拍下崇山峻岭、广袤无垠的景色。我想给自己这样一个独特的仪式感，看着坐在旁边的陌生人，独自品味完成作品后的激动。

在本书成册前斟酌许久是否要把第5~6章放入书中，因为这些都是养育孩子的小事。我的初衷是把第1~4章中30个父母攻略综合运用到育儿生活中，而非为了炫耀我的孩子有多棒，或者我自己带孩子有多厉害。只是想鼓励所有阅读这本书的父母把您阅读到的攻略运用到日常育儿中，那么生活才会有所不同。在自我学习成长的道路上，无论是阅读还是参加培训，没有使用就没有作用，即“无用”。换一句话，阅读再多的书，参加再多的培训，这些都是作为知识存储在您的大脑中。智慧是把阅读到、学习到的知识运用到生活中，去解决生活中的问题，这才叫“智慧”，而且是属于您的“智慧”。相信每个人都拥有把知识化为智慧的能力。相信当刻意练习时，每个人都在更加靠近智慧，收获养育孩子的幸福。

阅读是一件重要的事情，您可以独品好书，亦可团队学习。我成立了本书读者交流微信群，添加微信号 17761229184，就进好书共品社群。让我们一起践行，一起分享。或者写邮件给我，我将很乐意收到您的反馈，邮箱是 fumugonglue@163.com（父母攻略的全拼）。

让我们享受阅读的乐趣，享受育儿的幸福。让爱与鼓励伴孩子成长！